増補改訂版

日本国憲法は「生き残った人類」の聖典

八角宗林
Yasumi Sorin

同時代社

もくじ

第2版（増補改訂版）刊行にあたって

早々に本書初版第1刷（２０２２年6月刊行）の在庫がなくなり、増刷の運びとなりました。そこで、初版を少しばかり訂正するにとどめて初版第2刷を刊行する予定でしたが、かなりの直しと新たな節を追加することになってしまいました。

私（筆者）の常として、無駄のない文章を書きたいとの思いが強く、勢い削りすぎて舌足らずになる傾向があります。今回の初版もそれが出てしまいました。ということで、増刷にあたっては字数を気にせずに書いてみたいと思い直し、作業したところ、大幅な加筆となり、初版の少々の修正にとどまらず、第2版となってしまった次第です。

新たに追加した節とは95〜１３６ページのことです。日本国憲法は虐げられた人々を念頭に書かれた、と私は思ってきました。百姓一揆と憲法が別物と思えない私がいます。このことを新たにかなり書き加えたいとの衝動が抑えがたく、挑戦してしまいました。

また、日本国憲法改定を言う方々は、よく、「日本の伝統」を仰《おっしゃ》います。しかし、私が思う「日本の伝統」とその方々のそれとは、言葉は同じでも意味内容が全く違うようです。では、そもそも「日本の伝統」とは何か、これも追加した節のテーマです。

日本人は、本来、おおらかで、寛容で、人間が好きだったように思います。子どもの頃、大人たちがそのように見えました。古今亭しん生さんが高座で寝てしまったという話、これも好きですが、客が「寝かしておいてやれ～」と応えたことは、大好物です。粋ですね。

それから50年以上が過ぎていますが、気が付くと、「人に厳しく、自分に甘い」日本が目の前にあります。失敗を許さない社会になってしまいました。これが日本衰退の元凶ではないのか。本来の日本とは何か。日本人らしさとは何か…。今もそれらを考え続けています。

2023年3月

八角　宗林

はじめに（初版刊行時）

読み始めると、「絵空事を語ってんじゃないよ」との思いになられる方が続出するのではないかと想像しています。

正直に言います。実は、この本を書きながら、社会評論、オピニオンに属する書籍だろうに、おとぎ話を語っているような照れの感情に襲われることがありました。ですから、みなさんが「夢言ってるんじゃないよ」と思われるのは無理からぬことなのです。『永遠平和のために』の著者、イマヌエル・カントも、この書を「私の夢想曲」と自ら呼んでいます。あまりにも現実から飛び跳ねているので、気恥ずかしさがあったのではないでしょうか。

カントは永遠平和のために必要な原則を挙げています。①「独立国家を交換、買収して、他の国の所有としてはならない」、②「いかなる国家も暴力をもって他国の体制及び統治に干渉してはならない」、③「いかなる国家も他国との戦争において、相互の信頼を不可能にする敵対行為をしてはならない。例えば、高位者の暗殺、条約の破棄、敵国における暴動の扇動」、④「常備軍は時を追うて、全廃されるべきである」、などです。また、他の章で、今の国際連合のような機関の必要性を説いています。

［カント］プロイセン（現ドイツ）の哲学者（1724〜1804年）。
近代哲学の祖と呼ばれる。主著『純粋理性批判』『純粋実践批判』

確かに当時として、先走った理想主義です。この理想を理想のまま放置した結果、今に至ります。②〜③は、ロシアのウクライナに対する現在進行中の蛮行であり、そのロシアを批判している米国もやってきたことです。カントの時空を越えた洞察力に感服です。

そして、問題の④です。日本国憲法九条と同じです。これで、軽はずみに、つい憲法に九条を加えてしまったのではないことが分かります。戦力不保持は、人類史上、最高の知性が語り済みなのですから。確かに、カントも「今すぐにということではない」と注を付けています。しかし、カントが言い出してから、220年以上経っています。戦力放棄を実現させてもおかしくない時間が過ぎています。残念ながら、カントの理想は実現していません。彼が掲げた平和のための原則を踏みにじる行為は続いています。しかし、国際社会において、この原則は守られるべき規範としては認知されています。ですから、これを犯せばロシアのように非難されます。そして、はたと思います。原則の④を実現しようと決めた国があるじゃないか…。こう観るとカントが掲げた理想に向かって1ミリも動いていないわけではないのです。日本国憲法は理想に向け一歩、いや、大きな一歩を踏み出しています。

不思議でしょうがないことがあります。

「できない理由を探すのでなく、できる方法を探せ」とか、「成功の秘訣は成功するまでやること」などが、政治家や経営者、評論家の口から説教や教訓のように発せられています。彼らが得意げにコメントをし、若者向けハウツーものの雑誌に登場するのも見かけます。これらに異議はありません。

しかし、「貧困をどうにかしなければ」と言うと、「個人の責任という面もあるからね」などと言い、「温暖化を止めよう」「戦争のない世界を創ろう」の話になると、先の名言は語られなくなるのです。そうでなく、これらの問題にこそ「できない理由ではなく、できる方法を探そう」と言うべきです。①「**貧富の差**」（貧困）、②「**環境破壊**」、③「**戦争**」、これらが人間の尊厳を奪うからです。なのに、そうは言わない、それが不思議でしょうがないのです。

非正規雇用労働者の割合の推移

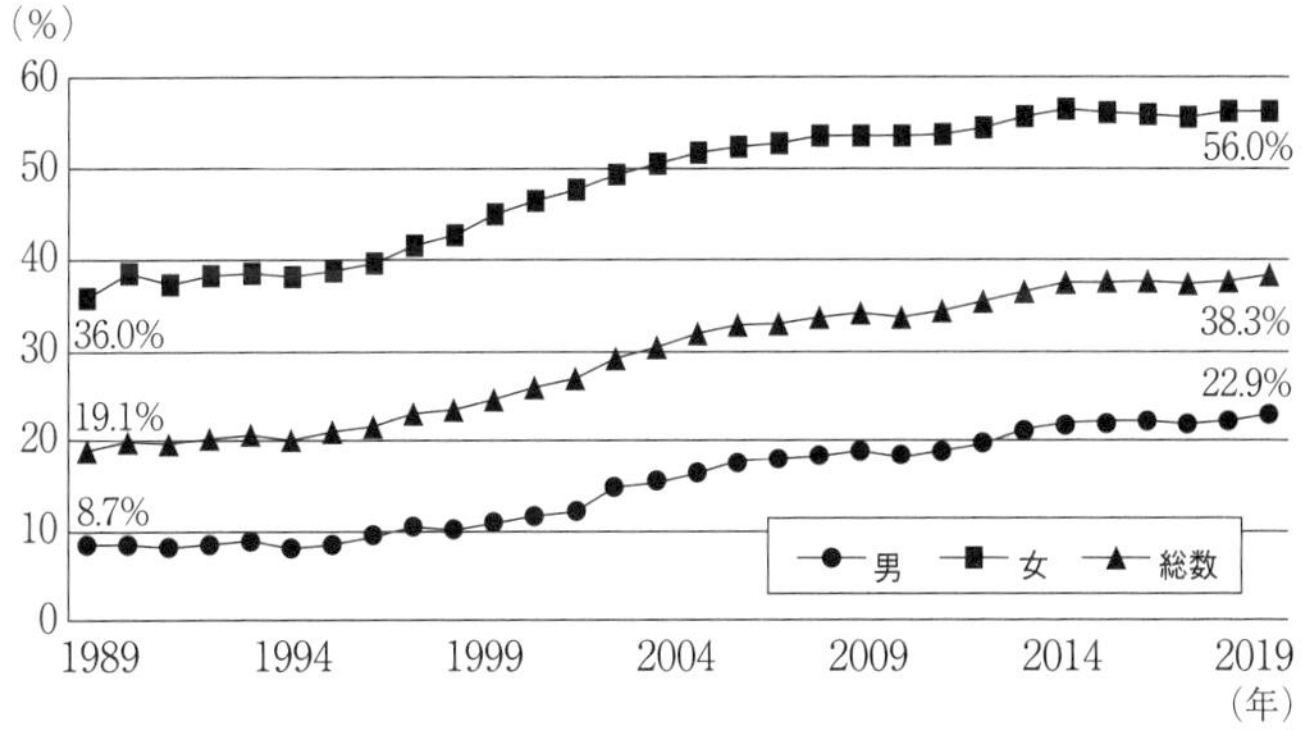

資料：2001年以前は総務省統計局「労働力調査特別調査」、2002年以降は「労働力調査詳細集計」
(注)「非正規の職員・従業員」が役員を除く雇用者に占める割合である。

非正規雇用は、労働者派遣法などによって、公認されました。今や、非正規雇用は雇用全体の4割に迫っています。結果、貧富の差が顕在化し、岸田首相は「成長の果実」を分配し、中流層を厚くすると言わざるを得なくなりました。しかし、深刻な貧富の差問題は、パイを大きくすれば解決するものではありません。これでは、問題の本質に切り込めません。切り込むとは、法人税率を上げる（これを安倍政権は下げました）、企業特別減税の精査、金融所得への課税強化、所得税の累進課税の強化などです。つまり、「今後の成長の果実」の分配ではなく、「今ある果実」の再分配をしなければ、貧富の差は解消しないということです。

次に、「成長の果実」の成長です。専門家の多くは「成長なくして諸問題の解決はな

資本金階級別の法人税実質負担率（2016年度）

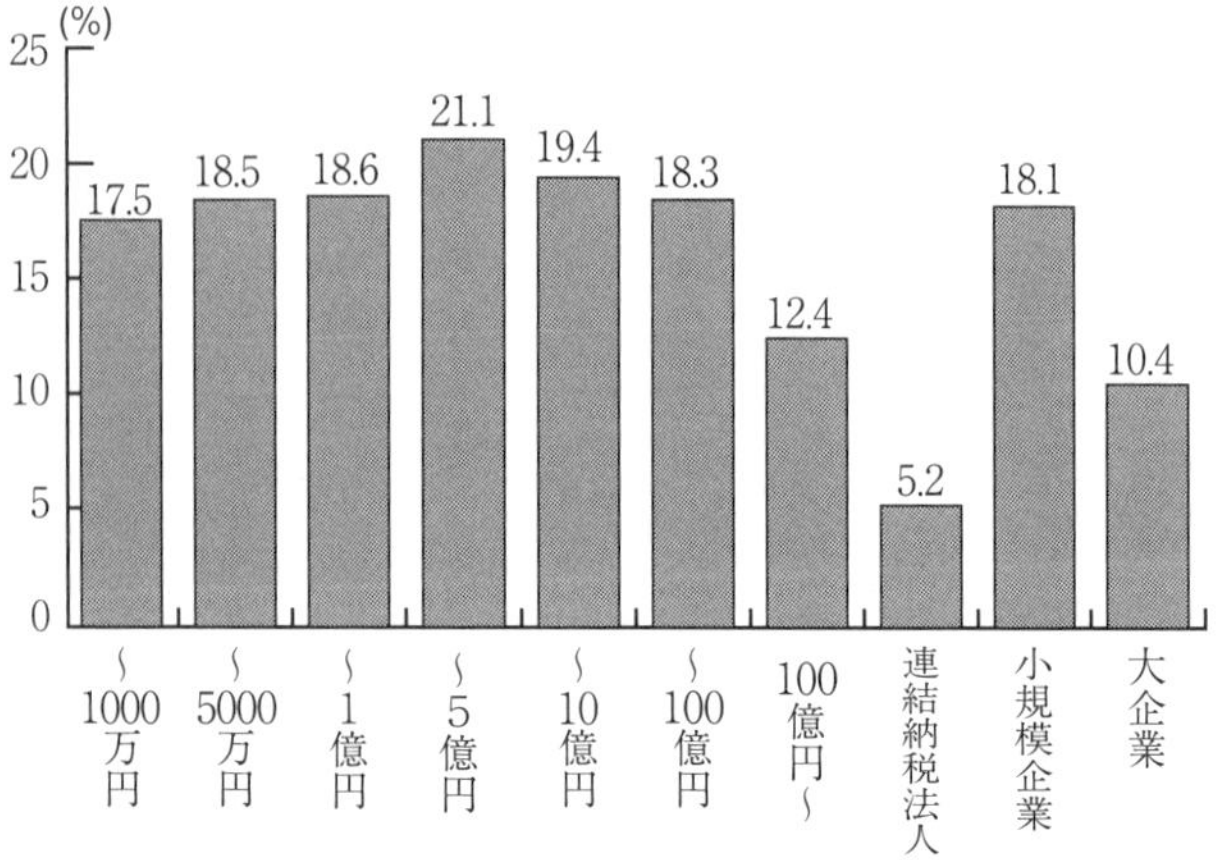

（出所）国税庁発表の「2016年度会社標本調査」をもとにしんぶん赤旗が集計

い」と言います。確かに、時代を見据えた産業構造の転換は必要と思います。新しい産業を興し、国際競争力を高めなければいけません。しかし、これ以上の経済成長や豊かさは必要なのでしょうか。

　コロナ禍のなか、私たちは必要な治療を受けられずに、自宅で一人亡くなった人たちの姿に打ちのめされました。飲食や娯楽、旅行、文化を享受できずに、味気ない生活を強いられもしました。結果、人々の労働に囲まれて生きることの「豊かさ」に気付かされたのです。何はなくとも、これほどの贅沢はないと、感じさせられました。しかし、少しでも多くの富を手に入れようとする、貪欲な生産活動による環境破壊は止まりそうにありません。

　干ばつ、洪水、山火事、そして食糧危機。豊かさの追求が人類の存続を脅かしていま

［コアラ］2020年、温暖化による異常気象が原因でオーストラリアでは山火事が発生。500万 ha が消失し、23人が亡くなり、8000頭のコアラが焼死したと言われている

す。何のために生産するのか、意味を問い直す必要があります。

先の専門家が言う通りならば、我々は成長を続けながらも、環境を保全しなければいけません。しかし、この難題を解く答はあるのでしょうか。

20年ほど前、私が教師だった頃、「豊かで便利だが、窮屈で危険が多い生活」と「豊かではなく不便だが、おおらかでより安心な生活」と、どちらを選ぶかを生徒に投げかける授業をしたことがあります。「窮屈」では「長時間・過重労働、社員間競争、ノルマ、管理強化」などの労働環境、「危険」では「経済成長に伴う環境破壊、原子力発電、農薬・食品添加物」などを示しました。

これに対して「豊かで便利、おおらかで

安心な生活」を求めることが理屈だろうとの指摘が予想されます。確かに、二者択一を迫るのではなく、どちらにも偏らずに中庸の「いい加減」を目指すのが大人の道だろうと言えばその通りです。

しかし、現在の我々に、「良いとこ取り」をする余裕が与えられているでしょうか。北極の氷が減って白熊が居場所を失い、さまよう姿を観たことはありませんか。ヒマラヤの氷河が融けてできたネパールの氷河湖の決壊洪水の被害は甚大です。家畜の白骨が転がる砂漠化した農地。私たちは、すでに、「豊かで便利」を選択するなら、「窮屈で危険」を受け入れなければならないところまで追い込まれていると思います。

つまり、成長を諦め環境を守るか、成長を続けて破局を迎えるかの選択になります。前者を選べば、成長＝贅沢は罪悪となり、後者は成長を正義としますから、人類の存続が罪悪になります。しかし、存続を罪悪とすることは、生命の自己矛盾です。**文明への根本的批判を加えねばならない所以《ゆえん》がここにあります。**

この問いかけに生徒たちはどう答えたのでしょうか。大差ではありませんが、「豊かではなく不便だが、おおらかで安心な生活」に軍配が上がりました。生まれた時から、大量生産、大量消費の生活を送っている彼らが、これへの疑問と不安を感じているようです。思うに、私たちは土台が腐った料亭の二階でどんちゃん騒ぎをしている人たちに似ていないでしょうか。「幸せな不幸者」です。

ですから、私たちは自然を守らねばなりません。これ以上の自然破壊はできません。と申し上げましたが、実は、自然から見れば、自然破壊は起きていないのです。人類80億人（2023年現在）の悪行は地球にとっては、蚊に刺された程度の不快に過ぎません。正確に言えば、自然破壊は自然破壊ではなく、我々の環境破壊なのです。人間が自らを生き難《がた》くしているだけで、自然は人間の活動をも包み込んで自己を保ち、その運動を続けています。だから、そもそも、自然は守ってもらう必要がないのです。

なのに、なぜか、「人間を守る」と言わずに「自然を守る」と言うのです。私たちは、自然を守る分際ではありません、排除されるのみです。人間が排除された後、地球は1万年もあれば回復するでしょう。46億歳である地球の1万年は人間時計の1秒以下です。驚くほど、この認識に欠ける現代のホモ・サピエンスです。

「自然を守る」という勘違いが人類の存続を脅かしています。

もう一つ、人類存続を脅かすのが戦争です。この本の本題です。先の大戦で、日本人は類例のない惨禍を受けました。その苦しみから、「奇跡的」に生まれたのが日本国憲法です。九条の発案者の可能性が高い、総理大臣を務めた幣原喜重郎《しではらきじゅうろう》は、大東亜戦争調査会で「今日我々は、戦争放棄の宣言の大旗を掲げて国際政局の広漠たる野原を単独で進み行くのでありますけれども、世界は、早晩、戦争の惨禍に目を覚まし、結局、**私共の遥か後方に付いてくる時代が現れるで**

ありましょう」と述べています。

しかし今、国家間対立は複雑化、深刻化し、軍拡競争も激しさを増しています（自民党は防衛費GDP比1％から2％にしようとしています。実行すれば世界3位の軍事大国になります）。世界のリーダーたちが「危険な火遊びで、必ず、自分を焼くことになる」「断固たる報復で対処する」「世界が見たこともない炎と怒りに直面するだろう」などと、脅し合いを繰り返すのです。「分かっちゃいるけど止められない」、この煩悩ゆえ、「私共の後を付いて来ない」のではないかと思わされます。核戦争の結果、文明が壊滅した後、生き残った人類は何を思うのか、考えてしまうことがあります。

［幣原喜重郎］戦前、浜口雄幸内閣の外務大臣として、協調外交を展開する。戦後は総理大臣として、天皇の人間宣言、戦争遂行者の公職追放、極東国際軍事裁判所の設置など、民主的改革の下地を作る

映画「猿の惑星」は、核戦争の末、文明を失った姿を描いています。生き残った人々は地下に逃げ込み、新たな宗教に服します。その彼らが神として崇《あが》めるのが、何あろう、核弾道ミサイルです。人間を凌駕する猛烈な力に神を見いだしたのでしょうか。

今後、そう遠くない将来、壊滅的な破壊が起き、人類の大多数が死滅した場合、生き残った人類も核ミサイルを神と崇めるのでしょうか。願いをも込めて言えば、**生き残った人類の聖典は……日本国憲法前文と九条でありましょう。**

これは誰にも侵すことができない、無条件で従うという意味で聖典です。

しかし、この九条を改めようとする動きが急です。タイムマシーンで来訪した未来人が現代人にもたらしたと思うほどの先進性を持つ日本国憲法前文と九条です。手放したら、取り戻すことは難しいでしょう。

核戦争を生き残った人類に希望となる九条を残してやらねばいけません。これを伝えたく、急きょ、この本を編ませていただきました。

以下、本論に進むことにします。

２０２２年６月

八角　宗林

改正草案を比べてみる

日本国憲法前文（１９４６年11月3日公布、１９４７年5月3日施行）

日本国民は、正当に選挙された国会における代表者を通じて行動し、われらとわれらの子孫のために、諸国民との協和による成果と、わが国全土にわたつて自由のもたらす恵沢を確保し、政府の行為によつて再び戦争の惨禍が起ることのないやうにすることを決意し、ここに主権が国民に存することを宣言し、この憲法を確定する。そもそも国政は、国民の厳粛な信託によるものであつて、その権威は国民に由来し、その権力は国民の代表者がこれを行使し、その福利は国民がこれを享受する。これは人類普遍の原理であり、この憲法は、かかる原理に基くものである。われらは、これに反する一切の憲法、法令及び詔勅を排除する。

日本国民は、恒久の平和を念願し、人間相互の関係を支配する崇高な理想を深く自覚するのであつて、平和を愛する諸国民の公正と信義に信頼して、われらの安全と生存を保持しようと決意した。われらは、平和を維持し、専制と隷従、圧迫と偏狭を地上から永遠に除去しようと努めてゐる国際社会において、名誉ある地位を占めたいと思ふ。われらは、全世界の国民が、ひとしく恐怖と欠乏から免かれ、平和のうちに生存する権利を有することを確認する。

われらは、いづれの国家も、自国のことのみに専念して他国を無視してはならないのであつて、政治道徳の法則は、普遍的なものであり、この法則に従ふことは、自国の主権を維持し、他国と対等関係に立たうとする各国の責務であると信ずる。

日本国民は、国家の名誉にかけ、全力をあげてこの崇高な理想と目的を達成することを誓ふ。

自民党憲法改正草案前文（２０１２年４月27日決定）

日本国は、長い歴史と固有の文化を持ち、国民統合の象徴である天皇を戴く国家であって、国民主権の下、立法、行政及び司法の三権分立に基づいて統治される。

我が国は、先の大戦による荒廃や幾多の大災害を乗り越えて発展し、今や国際社会において重要な地位を占めており、平和主義の下、諸外国との友好関係を増進し、世界の平和と繁栄に貢献する。

日本国民は、国と郷土を誇りと気概を持って自ら守り、基本的人権を尊重するとともに、和を尊び、家族や社会全体が互いに助け合って国家を形成する。

我々は、自由と規律を重んじ、美しい国土と自然環境を守りつつ、教育や科学技術を振興し、活力ある経済活動を通じて国を成長させる。

日本国民は、良き伝統と我々の国家を末永く子孫に継承するため、ここに、この憲法を制定する。

●生き残った人類の聖典は日本国憲法!?

映画「猿の惑星」で、生き残った人類が核ミサイルの破壊力ゆえにこれを神と崇めていることに驚かされた、と「はじめに」で書きましたが、核ミサイルを、もう使ってはならないという意味で、不可侵な存在＝神にしたとの見方もできます。だとすれば、猿の惑星に生き残った人類は絶滅一歩手前まで行って、ようやく、核兵器禁止にたどり着いたことになります。私には、その後の拠り所として、彼らが憲法九条を聖典に据えることは自然に思えるのです。

映画の中のこととはいえ、生き残った彼らが「九条を聖典にしていたなどと荒唐無稽なことを言いなさんな」という声が聞こえてきそうです。確かに、経典や聖書、コーランの分厚さ、長い歴史に耐えてきた重みを考えれば、憲法前文と九条は見劣りがします。しかし、なのです。宗教の本質は苦しみを浄化し、喜びに変え、人々を救うことです。この点、憲法前文も九条も聖典に見劣りはしないと思うのです。そう思う理由は次の通りです。

宗教改革が現在のドイツから始まったことは、ペスト大流行で、人口の3分の1を失ったことと関係があると言われています。恐怖と欠乏に苦しみ、人間の醜さをさらけ出し合ったに違いありません。その中、カトリック教会は、ペストは神からの罰であるとし、買えば罪が許される免罪符を売り出しました。特に、ドイツに販売攻勢を掛けたのです。ここに、カトリックの腐敗を見たルターたちが宗教改革を始めるわけです。

宗教改革で生まれた新教＝プロテスタントは、教会を通さず、直接に、神と繋がろうとし、職業も神から与えられるとの信仰を持っています。新教は神から与えられた職業での金儲けを悪とはせず、逆に、他者の求め（需要）に応えた結果の利益を、隣人愛実践の結果であると認めたのです。金儲けが宗教的な善とされたので、利益を拡大再生産に注ぎ込みます。結果、生産力の回復の道を開いたのです。ペスト災害の苦しみからの救いを求めた人々に、宗教がその革新で応え、さらに、その後の生活の向上をもたらしたといえます。

日本国憲法前文と九条もこれと似た誕生経緯があったことは、すでに、述べたところです。先の大戦で日本人が経験した惨禍はドイツのペスト災害に匹敵するでしょう。敗戦後も苦しんでいた日本国民に、日本国憲法は平和文化国家という希望を与え、社会経済の再建に集中する心のゆとりと意欲を湧きあがらせたのです。

この意味で、日本国憲法九条への信頼は、プロテスタント信仰と同じ立ち位置にあります。原爆を経験した日本人は九条を呼吸するように受け入れました。かろうじて、核戦争を生き残った人類が九条を希望の聖典とすることはおかしいでしょうか。

ところで、日本国憲法公布の11月3日は日本国憲法にとって記念すべき大切な文化の日です。

「自由と平和を愛し文化をすすめる」日です。「野蛮な戦争」から「文化的な平和」への転換表明をした日です。しかし今、自民党中心に、文化の日を戦前の明治節（明治天皇の誕生日）を設けた由緒に戻そうとする動きがあります。教育勅語復活論と並んで、自民党が戦前に価値を認める証拠です。

●憲法九条は空想か理想か

私は「平和を守るために憲法九条を変える」という人たちに、非戦（非武装）平和主義を空想と思うか理想と思うかを聞きたいのです。

手塚治虫の「鉄腕アトム」は原子力をエネルギーにして10万馬力を使いこなし、悪を懲らしめるヒーローでした。しかし、これは、あくまで、漫画という空想の世界の話と決め込んでいました。それが今や、ロボットは人間能力の一部を内蔵し、日に日に人間に近づいています。ロボットを空想とせず、理想とした人々がいたのです。

そこで、「九条は空想か理想か」を問うのです。空想と観る人々は、戦争がない世界は想像であり、「戦争がない世界はあり得ない」と思っているのです（私がロボットを漫画の世界の話と決めつけていたように）。中には「なくなる必要はない」「戦争起きろ」と思っている人もいるかもしれません。一方、九条を理想とする人には、九条が示す理想と現実は連続しているように見えます、見ようとします。理想に向け、考えます、行動します。

一般的に言って、このような強い意思はどのような場合に培われるのでしょうか。衝撃的な経験が、その一つです。戦争は、人々が人間に絶望する体験をさせたに違いありません。私たちの祖父母や父母は「もう戦争はこりごりだ」と思ったはずです。

日本国憲法前文は、この悲惨な体験を「専制」と「隷従」、「圧迫」と「偏狭」、「恐怖」と「欠乏」などの言葉で表わしています。そして、「日本国民は国家の名誉にかけ、全力をあげてこの崇高な理想と目的を達成することを誓う」で締めくくるのです。確かに、日本国憲法は戦争がない世界を空想ではなく、理想としています（憲法は押し付けられたのではなく、戦争の苦しい体験ゆえに、抱きしめたのです）。

ここで、土井たか子（元社会党委員長。在任1986〜1991年）人気絶頂期の話をさせてください。これ以前の私は、憲法九条ゆえに「自衛隊は憲法違反」との考えに揺らぎはなく、解体すべきと考えていました。しかし、「たか子フィーバー」の結果、社会党政権になり非武装中立路線ゆえ、自衛隊を解体したらと思うと、急に、「不安」になったのです。

不安になり、気付いたことがあります。一つは、自分は九条を絶対視することで、思考を停止させていたということです。自衛隊は憲法違反だから、ただ、批判していればよいと決め込んでいたのです。しかし、この不安は「どうしたら、自衛隊を持ちながら、憲法を変えずに済むのか」という課題を自らに突き付け、「創造」という苦しい作業を強います。

そこでまた、はたと気付きます。自分は「不安」を思いながら、気付かない振りをしていた、つまり、自分に嘘をついていたことです。その理由は、「不安」を認めることは自衛隊を不要とは言えなくなり、自分の中の矛盾を認めることだからです。「不安」が心を乱し、不安定にさせるからです。

そして、三つ目の気付きは、自分がしなければならない「創造」という苦しい作業が、すでに、なされていたということです。「専守防衛論」です。これは、「自衛隊は敵国からの攻撃を防ぐことを専《もっぱ》らとし、海外に出兵はしない」というものです。これで、自衛隊保持と九条不戦力保持に折り合いをつけたのです。私はこれを、改憲論者が九条を骨抜きにする詭弁と軽蔑していました。しかし、そうではなく、九条に敬意を持つ人物の、憲法を変えずに、自衛隊の保持も可能にする「創造」であったのではないかと思うようになりました。

しかし、自民党の憲法改正草案（2012年発表）です。そこには、今まで歴代自民党政権が採用してきた専守防衛の文字が見当たりません。さらに、自衛隊の言葉を捨て、「軍隊」を使っています。軍隊は外交を戦争にまで拡げ、力で相手を従わせることも任務にできる武力集団です。まさに、この軍隊の保持を九条は禁止しているのですが…。自民党は九条を「空想」にしてしまいました。

そうではなく、専守防衛から、さらに戦力不保持の理想に向けた努力をすることが政府の仕事です。しかし、２０２１年12月、岸田首相は、九条理念をあざ笑うかのような「敵基地先制攻撃能力」を検討すると表明しました。


その内に言い出すだろう攻撃が最上級の防衛なると

右は安保法制成立（２０１５年９月19日）直後の私の短歌です。こんなことでは、そのうち、「攻撃が最上級の防衛だ」と言い出すぞと皮肉った一首です。本当になるとは思っていませんでした。

改憲論者は九条に自衛隊を明記したいと言っています。そして、２０２１年の毎日新聞調査によると、51％の国民がこれに賛成と答えています。

ここで私たちは気付かねばなりません。明記される自衛隊は「集団的自衛権」を行使し、「指揮統制機能」を含む「敵基地先制攻撃」もできる武装組織に仕立てられていることです。これはすでに、「専守防衛」を任務とする自衛隊ではなく「軍隊」です。つまり、**軍隊を自衛隊と偽って憲法に入れようとしているのです**（これは安倍政権が得意とした手口と同じです）。現に、「自民党憲法改正草案」は自衛隊ではなく、「国防軍を保持する」と明記しています（「指揮統制機能」

とは、日本で言えば防衛省本部や首相官邸のことです。岸防衛大臣（当時）は、これへの攻撃を「万やむを得ない場合、個別に判断する」と明言しました）。

自民党の九条改憲論は「戦争放棄」から「理想放棄」への転換です。九条の理想を追い求めると、現実との矛盾にぶち当たり、「創造」が必要になります。この後、「創造」を提示させていただきます。「創造」に値するかどうかは保証できませんが。

●憲法はこのままで！

先の「不安」を感じてから、その後、九条はもちろん、日本国憲法前文を何度も読み直しました。そして、読み流してきた「**平和を愛する諸国民の公正と信義に信頼して**」という表現を使った意図が気になりだしました。すなわち、「信頼できない場合」があるということです。これが私の感じた不安の出処です。憲法は「信頼できない場合」も想定しているのです。

これは、信頼できないなら「戦力を持ってもよい」という含みになります。ならば、含みでなく明文化した方がよいというのが改憲論です。しかし、「信頼できる状況」であるならば、戦力不保持でよいのです。九条は日本政府と国民に、戦力不保持が不安ならば「信頼できる国際環境を創る努力をしなさい」と言っているのです。自民党は理想を放棄しましたが、私は理想を実現したいので、憲法改定に反対の立場にあります。

また、日本国憲法は九条以外にも理想を掲げ、実現を求めています。24条「両性の平等」、25条「生存権」が好例です。今現在、これらの理想も達成されていません。ですが、この条文を変えようという議論を国会はしたことがありません。むしろ、国際世論や国民に押されてではありますが、24条や25条の理想実現のための議論をしています。ならば、同じように、「9条改憲など言わずに、理想実現に向け、努力すればよい」が素直な理屈建てです。

もう一つ、護憲理由を言わせてください。そもそも、憲法は市民が権力を縛る知恵として生まれ落ちました。義務教育で習ったように、これが憲法の本質です。加えれば、憲法は過去に王権＝権力がやってきた横暴の記録でもあります。例えば、日本国憲法19条「思想良心の自由」、32条「裁判を受ける権利」、33条「令状なしの逮捕の禁止」、36条「拷問及び残虐刑の禁止」などは、国家が過去に何をしてきたかを物語っています。戦争もその一つです。だから、同じように戦争も禁止しているだけなのです（拷問や残虐刑が駄目で、人を殺す戦争が良いわけがありません）。日本国憲法は、戦争を含めた権力の横暴を止めるために、これを縛っています。これが三つ目の護憲理由です。

国政選挙での一票の格差は憲法が定める平等に反する、との判決が3件あります。違憲（状態）判決ゆえに、政治は一票の格差解消に動きました。これと同じことが、九条にも当てはまります。

現在、憲法学者の多くは、自衛隊を違憲としています。これに従い、仮に、違憲とします。ならば、一票の格差が違憲（状態）との判決を受けた時に、政府がこの解消に動いたように、今の政府も自衛隊解体に向け動かねばなりません。

しかし、ここで、私は自衛隊違憲・合憲論争をする前に、違うもう一つの違憲を思います。先ほど、九条は「自衛隊がなくとも安心できる国際社会を創る努力をしなさい」と国に求めていると申し上げました。が、日本政府がこの努力をしてきましたか。していないと思います。それは、核兵器禁止条約に加盟しないことだけでも明らかです。ここで、言っても仕方がないと思ってきたことを言います。「この努力を怠る政府は、九条の求めに応じない政府は、その存在自体が憲法違反ですぞ!!」。ならば、憲法違反の政府（首相）が最高指揮権を有する自衛隊も違憲とせねばいけないでしょう。

ですから、もし、自衛隊が違憲ならば、それは政府がそうしているのです。**違憲とは自衛隊そのものではなく、「自衛隊がなくとも安心でいられる世界を創る努力を怠ること」なのです。しかるに、自分が努力を怠って違憲にしておいて、その違憲状態を合憲にするために憲法を変える図々しさが改憲論を言わせているのです。**

２０２１年12月9日、ニューヨーク市議会が米国政府に核兵器禁止条約への参加を求める決

［いずも］垂直離着陸可能なステルス戦闘機Ｆ-35Ｂを搭載できるように改修された「護衛艦」。この搭載可能な戦闘機はステルスだから、防衛用というより攻撃用の戦闘機として最適

議を採択しました。また、ドイツはこの条約会議にオブザーバー参加を決めています。このような理想への動きがある一方で、唯一の原爆被爆国の政府が核兵器禁止条約に加わろうとしません。それどころか、バイデン大統領が検討している核兵器先制不使用宣言への反対を仄《ほの》めかす始末です。また、護衛艦「いずも」を侵略も可能な空母に改装しました。九条ゆえに生まれた専守防衛の原則は、どこに行ってしまったのでしょうか。権力を縛る憲法が権力に縛られています。

憲法は権力を縛るもの、だから……権力は縛りから解き放たれようとするのです。

事実、集団的自衛権の行使を認める

[国会を取り巻くデモ] 2015年８月30日、国会前安保法制案反対集会に12万人集まる。同年９月19日に強行採決で法案成立
（写真：東京新聞提供）

安保法制に反対する市民12万人が国会を取り巻きましたが、安保法制は強行成立しました。これにより、米国と一緒に海外に出兵できるようになり、憲法改正せずとも目的は果たしています。安倍政権は、憲法の縛りをちぎり破ったのです。こう見てくると、九条は外国からではなく、**戦争をしたがる愚か者から国民を守るための条文だと気付かされます。**

●市民の生活感を政治に

護憲の立場を説明するために、理屈をこねてしまいましたが、戦争の愚かさと怖さを体験した戦争直後の国民にしてみれば、九条制定の理由や説明は不要だったでしょう。当時の市民の生活感は九条条文とぴったり重なっていたことは、前述の通りです。

市民の生活感を司法に取り入れようとしたのが裁判員制度でしたが、政治にこそ市民感覚を取り入れねばならないと思わされる「事件」が多発しています。「桜を見る会」や森友学園問題での国会答弁で首相がそれぞれ118回、139回の嘘をついたという衆議院調査局の調べがあります。介護福祉士などのエッセンシャルワーカーの処遇改善のための予算は渋るが防衛費には財源がないとは言わない、森友公文書改ざん問題で苦しみ自殺した赤木俊夫さんの文書公開を求める妻雅子さんへ冷たい仕打ちをする政治、などなど挙げればきりがありません。庶民が教えられ身に着けてきた生活感覚や良識が嫌悪する事件や出来事が多すぎます。もっと、市民感覚を大事にして欲しいものです。

２０２1年の世界の軍事費総計は2兆１１３０億ドル（２７1兆６４７2億円）です。せめて、この10％を世界の貧困や、衛生、教育、飢餓、環境対策に使ったらとの声があります。が、繰り返し言われるので、今や、陳腐と聞く人もいます。しかし、これぞ、市民感覚ではないでしょうか。何度も繰り返し言われるのは、もっともなのに、何も変わらないからです。

そもそも、どの国も先制攻撃はしない、侵略戦争は起こさないと言っているのですから、すべての国が軍事力を持つ必要がないのです。なのに、保持するのは「相互不信がある」ことと、「戦争を仕掛ける時もあるとの本心を隠し持っている」証拠だと庶民は想像します。これほど、自然なものの見方はありません。

これと同じ市民感覚を憲法九条にも見いだします。戦争はもうしない、してはいけない↓ゆえに、武器はいらない↓だから、武器も軍隊も持たずとも安心できる世界を創る。この考え方はごく自然で、素直です。

私たちは、このような三段論法を生活の中で組み立て、納得して、これに従って生きているのではないでしょうか。例えば、知人が入院したと聞いてお見舞いに行こう↓でも、疲れさせてしまうかもしれない↓だから、手紙にしよう、と判断するとか。オミクロン株は感染し易く、高齢者は重症化リスクが高い↓私は高齢者である↓ステイホームして、感染しないことで医療

世界の軍事費上位10か国（2021年）

		国名	軍事費
1	(1)	米国	8010億ドル
2	(2)	中国	★2930億ドル
3	(3)	インド	766億ドル
4	(6)	英国	684億ドル
5	(5)	ロシア	659億ドル
6	(8)	フランス	566億ドル
7	(7)	ドイツ	560億ドル
8	(4)	サウジアラビア	★556億ドル
9	(9)	日本	541億ドル
10	(10)	韓国	502億ドル

ストックホルム国際平和研究所（SIPRI）調べ。
（　）内は前年順位、★は推計値

崩壊を防ごう、とか。応援演説で野次を飛ばされて「こんな人たち」と批判しておいて、予算委員会審議で質問者にヤジを放つ首相→人に厳しく自分に甘い吾人だな→品性に劣る信頼できない人だ。

あなたもこのようにして行動や判断を選んでいませんか。ここには世間を生きる市民の良識という常識が働いています。

私たち市民は自信を持って、普段の生活判断を政治に持ち込んでよいと

信じます。

●自民党憲法改正草案が思い描く国家

自民党憲法改正草案には「98条緊急事態」のような危険な条文もありますが、ここでは憲法前文を取り上げます。もう一度、お読みください。


（前文）

日本国は、長い歴史と固有の文化を持ち、国民統合の象徴である天皇を戴《いただ》く国家であって、国民主権の下、立法、行政及び司法の三権分立に基づいて統治される。

我が国は、先の大戦による荒廃や幾多の大災害を乗り越えて発展し、今や国際社会において重要な地位を占めており、平和主義の下、諸外国との友好関係を増進し、世界の平和と繁栄に貢献する。

日本国民は、国と郷土を誇りと気概を持って自ら守り、基本的人権を尊重するとともに、和を尊び、家族や社会全体がお互いに助け合って国家を形成する。

我々は、自由と規律を重んじ、美しい国土と自然環境を守りつつ、教育や科学技術を振興し、活力ある経済活動を通じて国を成長させる。
日本国民は、良き伝統と我々の国家を末永く子孫に継承するため、ここに、この憲法を制定する。

自民党憲法改正草案前文の本質は、現憲法の思想と相いれない部分にあるはずです。この視点で読んでみると……

この前文の本質を表しているのは、「**日本国民は、国と郷土を誇りと気概を持って自ら守り、基本的人権を尊重するとともに、和を尊び、家族や社会全体が相互に助け合って国家を形成する**」の部分だと分かります。この文の主語は日本国民です。ですから、基本的人権の尊重は国民相互間で行いなさい、と言っ

画：南隆一（憲法を生かす匝瑳九条の会会員）

ています。それはそれでよいのですが、国家が国民に基本的人権を保障するとの記述がありません（11条「基本的人権享有」がありますが）。

次に、この文を骨格だけにすれば、「日本国民は、国と郷土を、気概を持って自ら守り、国家を形成しなさい」となります。要するに、国民の国家を守る義務を自覚させることを目的にしているのです。それも、「気概」（意気が強く勇ましいこと）という言葉を使っています。さらに、憲法制定の目的を「**良き伝統と我々の国家を末永く子孫に継承するため**」としているのです。現憲法と違って、「子孫のために」とは言っていません。この文の目的は「子孫」ではなく「継承すること」です。つまり、伝統と国家を継承することが目的です。国家が目的であり、国民に国家を支える義務を求めています。ここに、憲法に対する無知・誤解が見られます。憲法は、国家が国民に求めるのではなく、国民が国家に求める決まりなのです。

さらに、熟読すると、この憲法前文から「基本的人権」や「三権分立」「自由」を削除しても、文意は何も変わらないということに気付かされます。つまり、文章内でこれらの言葉は死んでいます。言葉が文章から浮き出ているのです（前ページの絵をご参照）。

では何が生きているのでしょうか。「日本国は、天皇を戴《いただ》く国家であって」と明記しています（辞書によると「戴く」とは「敬《うやま》い仕える」との意、例として「社長として戴く」を挙げています）。この一文によって、すぐ下に続く「国民主権」が文から吹き飛ばされます。政府は国民にではなく、天皇を敬い、天皇に仕えると言っているからです。しかし、天皇は「国民統合の象徴」であるとしているのですから、天皇を戴くことはできないはずです。道理が乱れています。しかし、天皇は、国民主権にも基本的人権にも左右されない、これを超越した存在とすれば筋が通りそうです。大日本帝国憲法の第三条「天皇ハ神聖ニシテ侵スベカラズ」を連想させられます。天皇=国家、両者は同体となりましょう。

これを裏付ける森喜朗総理大臣(当時)の発言をご紹介します。これは2000年5月15日の神道政治連盟国会議員懇談会で飛び出しました。「日本の国、まさに天皇を中心としている神の国であるぞということを国民の皆さんにしっかり承知していただく、そのために、我々(神政連関係議員)が頑張ってきた」。ここでは神=天皇=国家になっています。

基本的人権や国民主権の包み紙をはがすと、明治に始まり戦前まで続いた天皇制国家が姿を現します。森元首相の発言と自民党憲法改正草案は重なります。ここにも、戦前に価値を認める自民党がいます。

●どうしても、憲法改正をすると言うのなら

改憲派の方々は「九条が現実に合わなくなったから変える」と仰います。ということは、以前は一致していたことになりますが、どうでしょうか。

日本国憲法前文は「この崇高な理想と目的を達成することを誓う」で締め括ります。九条は理想として掲げられています。現実と同じでは理想になりません。ですから、九条は「現実に合わなくなった」のではなく、制定当初から「現実と合わないまま」なのです。いまさら、現実と九条が合わないなどと当たり前のことを言う必要はありません。**正確には、時代が変わったのではなく、改憲論を言う方々が変わってしまわれたのです。つまり、前述したように、改憲論は現実と九条を一致させるべく「戦争放棄」から「理想放棄」への移ろいなのです。**

日本国憲法、特に、前文と九条を愛する私が移ろうことはありません。ですから、現憲法を改める必要を、全く感じません。しかし、国民の多数が九条改正だと言うなら、現条文の趣旨をより明確に表現したらよいと思います。

九条をもっとも分かりやすく説明した文があります。文部省が昭和23年に発行した『新しい憲法のはなし』がそれです。これは中学校1年生用の、文部省が著作者の教科書ですから、時の政府の憲法制定の趣旨や意図に基づき、書かれています。

『新しい憲法のはなし』には、こう記されています。

戦争は人間をほろぼすことです。世の中のよいものをこわすことです。だから、こんどの戦争をしかけた国には、大きな責任があるといわなければなりません。この前の戦争のあとでも、もう戦争は二度とやるまいと、多くの国々ではいろいろ考えましたが、またこんな大戦争をおこしてしまったのは、まことに残念なことではありませんか。

そこで、こんどの憲法では、日本の国が、けっして二度と戦争をしないように、二つのことをきめました。その一つは、兵隊も軍艦も飛行機も、およそ戦争をするためのものは、いっさいもたないということです。これからさき日本には、陸軍も海軍も空軍もないのです。これを戦力の放棄といいます。「放棄」とは、「すててしまう」ということです。しかしみなさんは、けっして心ぼそく思うことはありません。日本は正しいことを、ほかの国よりさきに行ったのです。世の中に、正しいことぐらい強いものはありません。

もう一つは、よその国と争いごとがおこったとき、けっして戦争によって、相手をまかして、じぶんのいいぶんをとおそうとしないということをきめたのです。これを戦争の放棄というのです。

同じような話を聞いたような気がしませんか。幣原喜重郎の大東亜戦争調査会での「世界は、結局私共の遥か後方に付いてくる時代が現れるでありましょう」の発言と、この『新しい憲法のはなし』の「日本は正しいことを他の国より先に行ったのです」という記述は相応《そうおう》します。「私たちの後を付いてきてください」と、九条は世界に向かってお誘いしているのです。しかし、九条はこれを明示していません。ならば、これを加えたらいいと思います。以下に私の九条改正案を提示します。

九条改正案

① 日本国民は正義と秩序を基調とする国際平和を誠実に希求し、国権の発動たる戦争と武力による威嚇または武力の行使は、国際紛争を解決する手段としては、永久にこれを放棄する。

② 前項の目的を達成するため、陸海空軍その他の戦力は、これを保持しない。国の交戦権はこれを認めない。

③ 日本国政府は戦力を保持せずとも、各国が相互に信頼し、安心し合える国際社会創出に向け不断の努力をする。

④ 三項の国際社会の実現のため、すべての国に戦力不保持を働きかける。

①と②は今のままです。それに③と④を加えました。改めて、九条の本質は、信頼し合える安心な国際社会を創って、各国の戦力放棄を促すことにあると申し上げます。これに対して「そんなことができるわけがない」とおっしゃる方がおられると予想します。

しかし、私たちは相互に信頼し合って生活しているのではないでしょうか。時速40キロの走行は、対向車がセンターラインを越えてはこないという信頼なしにはできません。私たち日本人は銃を持たずとも、警察官に銃保持を認めて、安心の生活を送っています。これは、同胞や警察官への信頼があるからできることです。

政治家や役人、教師、銀行員などが不正を行った場合、特に、厳しく批判されます。それは、最も、信頼に応えねばならない立場にあるにもかかわらず、それを裏切ったからです。もちろん、その他の職業従事者への信頼も安心社会には欠かせません。信頼は社会のすべての根底を成しています。

この信頼はただで築くことはできません。安全走行への信頼は道路交通法などの規則を作ることで生まれます。警察官への銃保持への信頼も様々な法律整備の賜物です。それは国際社会も同じなのではないでしょうか。信頼できる関係を築くための会議を開き、条約の整備などのシステムを創ることで、相互信頼が生まれます。軍拡競争や共同軍事訓練を含めた軍事同盟強化に躍起になるのではなく、信頼できる国際社会創出に全力を傾けることこそが肝要と信じます。

と申し上げましたが、「信頼し合える安心」を創ることは怖気《おじけ》づくほど難しいことです。難しさを真空に例えてみます。空気を構成する分子が一つもない状態を人は真空と定義しました。しかし、この真空は宇宙空間にもないかもしれず、人工的に作り出すことはできないかもしれません。真空を実現する実験は、それを承知で、一つひとつ分子を取り除かねばなりません。

これは、「安心の国際社会」実現のために、戦争を起こす要因を一つひとつ取り除く努力と似ています。完全な真空を作り出す実験と、戦争がない理想を地上に降ろす活動は重なります。それほど難しいことなのですが、成し遂げる必要があります。日本国憲法前文や九条の理想実現が困難を伴うことを覚悟のうえで、九条改正案をお示ししました。

●大きな歴史

大きな歴史があるなら、小さな歴史もあることになります。小さな歴史とは特定の時期や事件・事柄を対象とする歴史です。研究書を挙げれば、『新編明治精神史』（色川大吉）や『日本の中世社会』（永原慶二）、『日本中世の非農民と天皇』（網野善彦）、『百姓一揆の伝統』（林基）、『日本帝国主義（体系日本本史）』（藤原彰）、『昭和史』（半藤一利）などが、これにあたります。誤解がないように述べておきますが、「小さい」とはその研究の価値が小さいとか、意義がないということではありません。話を進めるために、便宜上、使っています。

では、ここで使う「大きな歴史」とはどんな歴史かと言うと「**人類の歴史の起源や目的、意味、および、歴史の動きについて考えを把握する歴史**」です。「**人類はどこから来て、どこに向かうのか」に関心を寄せています**。人文科学である歴史学というよりも、哲学なのかもしれません。現に、フランス啓蒙思想の旗手、ヴォルテールはこれに「歴史哲学」を使っています。

［コント］フランスの哲学者・社会学者（1798〜1857年）。
フランス革命後、社会に思想的・道徳的安定を与えようとした

歴史哲学の例として、代表的なのが、社会学の祖と呼ばれるオーギュスト・コントの「三段階の法則」です。これは人知（人間知性）が神話的→形而上学的→実証的へと進歩する三段階の法則に導かれて、それぞれ、軍事的→法制的→産業的と社会が進歩するという「大きな歴史」です。

「三段階の法則」の特徴の一つは、「変化」はすなわち「進歩」であるという確信です。社会に、より良い状態に向け変化する法則性を認めるのです（これを進歩史観といいます）。そのうえで、彼が生きる時代を実証的段階の、最も進歩した産業的社会であると

［マルクス］プロイセン（現ドイツ）の哲学者、経済学者、革命家（1818～1883年）。社会主義や労働運動に強い影響を与える。主著は資本主義を分析した『資本論』

位置付けます。この社会では、問題はすでに提出され、すでに解決済みなのです。これが二つ目の特徴です。

この二つの特徴を有する「大きな歴史」をスペンサー、デュルケームも展開しました。彼らが描く歴史は連続的であり、破壊を伴う変化は想定されていません。破壊する必要がない、望ましい社会が今あるからです。

しかし、マルクスが描く「大きな歴史」は非連続、質的転換、変革的側面を強調します。この違いは、コントらが資本主義に信頼を寄せているのに対して、マルクスは、資本主義が生み出した矛盾に目を向けることに由来します。

マルクスは、知性や精神の変化が社会の変化を生むとは考えません。下部構造＝経済（生産力と生産関係）の変化が、上部構造＝法律、政治、イデオロギーを変えると考えます。より端的に言えば、物質的生産力の拡大が意識の変化を生むという展開を描きます。これを唯物史観と言います。コントは「心の変化→社会（状況）の変化」ですが、マルクスは「社会（状況）の変化→心の変化」と真逆なのです。

唯物史観による「大きな歴史」は次のようになります。

原始共産社会	階級分化が生じていない
古代奴隷制社会	奴隷主　対　奴隷
中世封建社会	領主　対　農奴
近代資本主義社会	資本家　対　労働者
共産主義社会	階級対立なし

階級対立という矛盾がある限り、その解消に向く力が働いて変化します。しかし、共産主義社会には階級対立がないので変化はここで止まるとマルクスは考えます。

この歴史認識は日本で１９７０年代までは広く行き渡っていました。というか、この「大きな歴史」に日本の歴史をどのようにあてはめるかの努力がなされたのです。「律令制社会は国家が奴隷主で、班田農民が国家所有の奴隷であるという奴隷制社会である」などがその努力の例です。また、明治維新は市民革命なのか絶対王政の確立なのか、という論争も続きました。

しかし次第に、「このような努力に意味があるのか」という疑問が出されていきます。文化人類学者レヴ＝ストロースのアマゾン川流域の先住民の生活調査を記した『悲しき熱帯』が示した西洋中心主義への懐疑は、この疑問を促した一つです。西洋が進歩の最前線にあり、他の地域は順次、その後を追ってくるという西洋中心主義への懐疑です。野蛮としか見てこなかった民族の生活にも、文化と呼ぶにふさわしい思考や、豊かな人間性が息づいていることを発見したのです。異質な文化への尊敬は多様な人間社会を承認するに十分な力を与えました。

こんな話はどうでしょうか。先住民が使用していた石器は何万年も変わらず同じだろうと思われていたのですが、この石器、現代の技術で作った石器を超えた性能を有していることが分かったのです。彼らは死者の骨粉を水で溶かして、回し飲みする風習を持っていました。これを野蛮と忌み嫌うのが我々の通常です。しかし、死者を体内に呼び込み、死者と一体化し、それを永遠化するための儀式と聞かされ、共感しない人がいるでしょうか。

この多様で自立した文化への気付きは、歴史も多様であって当然だとの認識を生みました。日本には、日本独自の社会変化がある。日本の歴史を西洋の歴史変化になぞらえることは意味を失ったのです。加えて、「原始石器時代」が続く先住民社会が現代を越える技術を持っていることは進歩史観を疑わせるに十分な事実でした。また、25万年前に旧人が作った石器が、彼らが滅んだ後に現れた現生人類の、1万年前作成の石器の域に達していたとの発見は進歩史観にとって衝撃的でした。それらによって、進歩とは何かを問い直す機運が高まったのです。

このような事実の上に、「大きな歴史」を終わらせるに決定的だったのが共産主義国のリーダー「ソ連」の崩壊でした。これは、先に挙げた、マルクスが描いた「大きな歴史」には予想されていません。歴史を特定の価値観によって一元的に見るのではなく、多様な文化や歴史それぞれに人類史的意義を認める風潮と、ソ連の崩壊が「大きな歴史」を封印したのです。

しかし、ソ連崩壊から30数年、マルクスが指摘した資本主義の矛盾が、一層の牙を剥き、世界を傷つけています。共産主義もダメ、資本主義も危ないとなれば、世界はどこに向かえばいいのか、分からなくなっています（ダメというか、マルクスが描いた共産主義国は、過去も含めて存在したのかが、そもそも疑問です）。

確かに、「大きな歴史」を否定する人たちが言うように、歴史は予想や占いではありません。また、「大きな歴史」には無理があることも事実です。無理とは、多様な社会の多様な歴史を一つにまとめあげるために、説明しきれずに生じてしまう「嘘」のことです。しかし、過去現在から未来という物語を編み出そうとする試みが生まれるのも自然な流れです。私たちは目的地を決めずに歩き出すことができないのです。今こそ「大きな歴史」を描く時ではないでしょうか。「大きな歴史」を再興してみました。

・人間的自然の時代

圧倒的な自然を前にし、誰もが助け合い、分かち合わねば生きていけなかった時代。誰もが欲しがり、蓄えることができる生産物がない。自然と人間的自然に差異を見いだせなかった時代。

・権力の時代…野生から国家へ

農業や牧畜が始まり、多くの人間を巻き込んだ共同作業が必要となった。その生産活動が誰もが欲しがり、蓄えることができる生産物、すなわち、財産を集団にもたらし、富の生産と分配と争奪が人々の関心事になる。そのために、秩序を保ち、争いを終わらせる権力が現れた時代です。権力者＝皇帝、王による暴力の集中と独占。

・人権の時代…国家から人権へ

権力の横暴や腐敗に苦しんだ被支配者が対抗するために発見したのが人権です。人権とは権力という力に対抗するための、神（天）から与えられた、国家も奪うことができない「力」です。権力の由来を各人の人権に置く時代です（各人がその人権を国家に委ねる契約が権力を正当化するとの考えを、一般に、社会契約説と言います）。

・尊厳の時代…尊厳の権力化

「権力の時代」と「人権の時代」は力が問題解決する対決の時代です。また、権力も人権も神（天）に由来しますが、尊厳は人間由来です。人の苦しみ、悲しみ、切なさを見据えて、社会を考える、これらを取り除く意思が時代を切り開く時代です。人間を生きる尊さ、生きようとする意思を認め合って、問題を解決する時代です。政治権力の上に神や天ではなく尊厳を置き、これに従い、考え、行動します。政策の決定を尊厳に照らし合わせて行う。尊厳の本質に従い人々が行動するシステムの構築が必要となります。

改めて、「尊厳」とは何なのでしょうか。辞書によると「とうとくおごそかで、おかしがたいこと」とあります。この「こと」が何なのか知りたいのですが、説明はありません。そこで問います。机は勉強や事務仕事をする時に使う「家具」です。では、「尊厳」の「家具」に当たる言葉は何なのでしょうか。

近代哲学の祖と称されるカントの言をまとめると「尊厳」とは「何物かと交換可能な価格ではなく、何物とも交換できない価値である道徳性にある」と言います。カントは人間らしさを道徳性に求めています。道徳性ゆえに人間は尊厳を持ちうるというのです。

確かに、道徳性は尊厳と関係があると思います。しかし、物足りない気がします。尊厳は複数で構成され、複雑な絡み合いの中に道徳性もある、そんなイメージを描きます。「トマトの種がトマトになることは、誰にも妨げられません」。尊厳はこれゆえの尊さであり、尊さに対する敬いのような気がします（確かに、トマトの種がトマトになる運動は「尊く厳《おごそ》かで侵しがたいこと」です）。一言で言うのが難しいようで、カントも、机の「家具」に当たる言葉を、結局、示していません。そこで、定義するなら、**尊厳とは「特質」です。尊厳とは「自分の特質（個々人の種）であり、その特質への敬い、特質を開花させようとする意志、そうなりたいという願い」**です。特質の尊重は多様性の尊重でもあります。

しかしながら、人間の歴史は、この特質、敬い、意志、願いを奪うそれです。豊臣秀吉や江戸幕府によるキリシタン弾圧は、信仰の尊さ、意志、願いを暴力や拷問で脅し、命も奪う残酷なものでした。信仰を捨てさせることで、信者の特質＝種を殺したのです。戦前の思想・宗教弾圧も同じです。尊厳を奪われた事例として、この二つが思い浮かびました。

加えて、突拍子もないことですが、ハチ公の悲しみを思います。もう帰ってこない上野英三郎博士を渋谷駅で待つハチ公の姿を思い浮かべると、胸が詰まります。不憫《ふびん》でなりません。主人を失うことで、ハチは、愛することと愛されることを一体化させる特質を奪われたのです。野良犬の厳しい生活に耐え得たのは、主人にまた会えるに違いないという希望ゆえでした。しかしそれは、あまりにも悲しい希望です。主人の腕に再び抱かれる希望＝願い（主人に愛され、愛すること）こそ、ハチの尊厳でした。ハチも尊厳を失ったのです。

ハチ公のはく製は上野の国立科学博物館にあります。あると知らず行って、見つけて驚きました。その時の私の短歌です。

［ハチ公のはく製］上野の国立博物館に行って、ハチ公に会ってみてはどうですか。実物は写真よりもより悲しげです

はく製のハチの目に見る悲しみに耐え兼ね愛犬《いぬ》をきつく抱きしむ

これほど昔の話をするまでもなく、私たちは、同じほどの尊厳が奪われた事件に遭遇しています。治療を受けることなく、放置され、一人亡くなった多くのコロナ患者の方々のことです。ハチ公は、悲しい希望ですが、希望を持ち続けられました。しかし、このコロナ患者の方々は、絶望の中、尊厳への敬意を受けられず、いない者とみなされました。見捨てられた苦とそれで終わる苦にさいなまれ死んでいったのです。

これは、コロナ非常時の孤独死です。が、平常時にも孤独死が日常化しています。2万人を超す自殺も同じです。どれも、尊厳を失い奪われた人間の姿です。人間を生きる尊さ、人間を生きようとする意志、人間を生きたいという願いをすべて奪われ、失った人々の悲劇です。

私たちは「人を殺す」「他人の物を盗む」「人様に迷惑をかける」を行動規範に反する行為と意識しています。「尊厳奪い」が諸悪の頂点に立ちつつ、諸悪に宿っています。すべての人間がこの意識を持たねばならないのが、「尊厳の時代」です。

人間の覚醒が問題解決の切り札!? 「精神論に逃げたな」と思われるでしょうか。もしそう思われるのなら、日常の小さな認識の変化にも思いを巡らしてください。

私が教員になったのは45年ほど前です。その頃、職員会議には76人が出席していました。喫煙率が成人男子では50%は超えていたでしょう。という私もその一人でした。4基ある換気扇を回しても、会議室の後ろから議長が霞んで見えました。非喫煙者はそれに耐えることで、大人と認められるのでした。ところが、今はどうでしょうか。分煙どころか、校内で吸える場所がないのが現状です。家庭での蛍族なる言葉が悲哀を込めて使われていましたが、今や、蛍族も絶滅したかのようです。

このような意識の変化は、シートベルト、飲酒運転、セクハラ、パワハラ、特定の方々に向けられる差別発言など、様々なところで見受けられます。今は、女性に年齢や彼氏の有無を聞くことがセクハラです。これらは「人間の覚醒」と言えばその通りです。

2003年、人気グループ「スマップ」がシングルで発表した「世界に一つだけの花」の歌詞を思い出してください。

そうさ、僕らは世界に一つだけの花
一人一人違う種を持つ
その花を咲かせることだけに
一生懸命になればいい

私が言う尊厳の時代にふさわしい歌ではないですか。この歌が作られ、多くの人々に支持されたことには理由があるはずです。

私たちは、すでに、覚醒による「尊厳の時代」を生きているのではないでしょうか。

もしかすると、75年前の日本国憲法公布は「尊厳の時代」の幕開け宣言なのかもしれません。

●「尊厳の時代」にしてはならないこと、しなければならぬこと

①「力には力を」に惑わされないこと

まずは、「力には力を」に惑わされてはならないと言わなければいけません。「力には力を」は、

「自分の力は正義だが他人の力は邪悪だ」との思想だと言ってよいでしょう。「自分の殺人は正義だが、他人が行う殺人は悪である」と同類です。結局この場合、勝つ者（強い者）が善悪を決めるのです。「力は正義」と言っているに等しいのです。つまり、「力には力を」の沿線上に「力は正義」があるのです。

先ほど、「人間の覚醒が問題解決の切り札？　精神論に逃げたな」と指摘されても、それを否定しませんでした。その通りだからです。今、問われているのは倫理だと受け止めています。倫理的覚醒が必要と思っています。ですから、「尊厳の時代＝覚醒の時代」としたいほどなのです。

では倫理的にどう覚醒しなければならないのでしょうか？　もう、お分かりだろうと思います。「力には力を止めること」です。反理性的な「力は正義」に与《くみ》さないことです。宮沢喜一元首相は「権力はできるだけ使わないようにしないといけないよ」と周囲に話していたそうです。また、私は教員時代に、Y校長から「教師は権力を持っていることを意識していなければいけないが、使わないことが上です」と教えられました。権力を持っていることに思い至らぬままに、権力を使いまくる若い教師に心が痛んだのだろうと推測します（このお二人の言葉には、日本人が養ってきた気高さを感じます。このような精神性を宿す人々が成す国が「美しい国」です。あの安倍晋三さんには口にして欲しくない「美しい国」です）。

この気高さの対局を成すのが「力には力を」「力は正義」でありましょう。「力」を「暴力」

に変えて「暴力には暴力を」「暴力は正義」と言い換えれば、ことの本質が明確になります。これを行動基準にする人物を想像してください。粗暴と言うしかないでしょう。「個人の例は国家に当てはまらない」とお思いですか？　そうではありません。これらを行動基準にする大国が粗暴というより、残虐を繰り返してきたのが20世紀であり、今じゃないでしょうか⁉

「自衛のためのみに軍事力を使い、侵略のためには使わない」とすべての国が言っています。ならば、世界の軍隊は軍隊ではなく専守防衛の自衛隊ということになります。この流れに従い、すべての国がその憲法に「専守防衛条項」を加えます。この条項が加われば、自衛兵器は持てても侵略兵器を持つことはできなくなります。ここで問われるのが自衛兵器を侵略兵器に転用しないという倫理です。この倫理が守られるとの信頼関係が生まれれば自衛戦力も不要になります。この信頼を確実にするには「倫理の覚醒」が必要でしょう。

互いに信頼し合える関係は「暴力には暴力を」からは生まれません。先のお二人（宮沢喜一元首相とY校長）のような気高さを身に付けるには、残念というべきでしょうか、覚醒するしかないのです。前述の幣原喜重郎の言葉を思い出してください。「世界は戦争の惨禍に目を覚まし、私どもの後を付いてくるでしょう」。この覚醒を怠ることが、過酷な未来を人類にもたらすだろうことを心配します。

理屈を述べてきましたが、実は、「力には力を」には、心情として受け入れがたいものを感じてきました。何に受け入れがたさを感じるのか。それは「力には力を」の「幼稚さ」です。

そして、仮想敵国を作る政治指導者にも、同じ「幼稚さ」を感じるのです。個人と個人の関係で、意見が対立、生意気な奴だからと、関わらないようにするとか、嫌がらせをすることは成熟した人間ならしません。逆に、会話の機会を増やすのが大人の態度です。国家間も同じではないでしょうか。

しかるに、私たちは「力には力を」や「仮想敵国を作り出す」という幼稚さに付き合わされています。幼稚さにお付き合いするほど馬鹿げたことはありません。「成熟さが主導する国際社会を！」と思います。ここで、もうひとつ、加えます。

② 仮想敵国を作ってはならない！

③「してはならないこと」の核は「他者を手段にしてはならない」であり、なすべきことは「他者を目的にすること」にあるのだと信じます（実は、これはカント倫理学の柱です）。
そこで、非正規労働を考えます。これが、資本が求める、経営側の都合に良い働き方であることは言うまでもありません。派遣労働法などの、資本の論理の法制化が経営側の論理欠如を覆い隠し、社会問題化を妨げてきました。これゆえに、貧困の原因から企業は外され、働く者の自己責任が、まことしやかに主張されてきたのです。

この自己責任論の嫌らしいこと、このうえありません。経営者は、働き続けられない労働を強要しておきながら、「派遣の連中は、やる気も根気も、向上心もない」などと蔑《さげす》むのですが、非正規労働を一番必要としているのは、その彼ら経営者なのです。

低賃金、社会保険の未加入、退職金不要、そして都合よく解雇できる。非正規労働は企業に欠かせない存在ですが、大事にしないのです。大事に扱わなくてよい雇用として国が定めた雇用制度だからです。ですから当然、問題点が指摘されて久しいのですが、改善は見られません。

ここに見られるのは、非正規雇用を都合が良い道具として扱っている経営者（政治家も）の姿です。この「常識」は非常識です。つまり、カントが非倫理的だとする「人間の手段化」です。結果、経済格差が日増しに大きくなり、児童の7分の1が貧困状態にあることなどが指摘され、何らかの手立てが必要と叫ばれだしました。同一労働同一賃金とか、社会保険加入の法制化、正社員化の道を開くなどが言われています。これは良いことだと思わされますが、気付くのです。これらが法制化されたら、非正規雇用と正規雇用とに分ける意味がなくなります。

そうなると、非正規労働者を雇う理由（うま味）がなくなります。ゆえに、企業はこの改革に消極的なはずです。今や、企業は非正規労働者なしでは経営できない体質になっています。人件費を削減することで利益を生む経営にどっぷり浸かっています。非正規労働者の待遇を改善するには、創造的企業に変わる努力が必要です。高い給料を支払える企業が未来を拓く、と言うか、そうしなければ、先進国の実質を失うでしょう（すでに、失っていると思わせる統計とな

OECD 加盟国の労働生産性

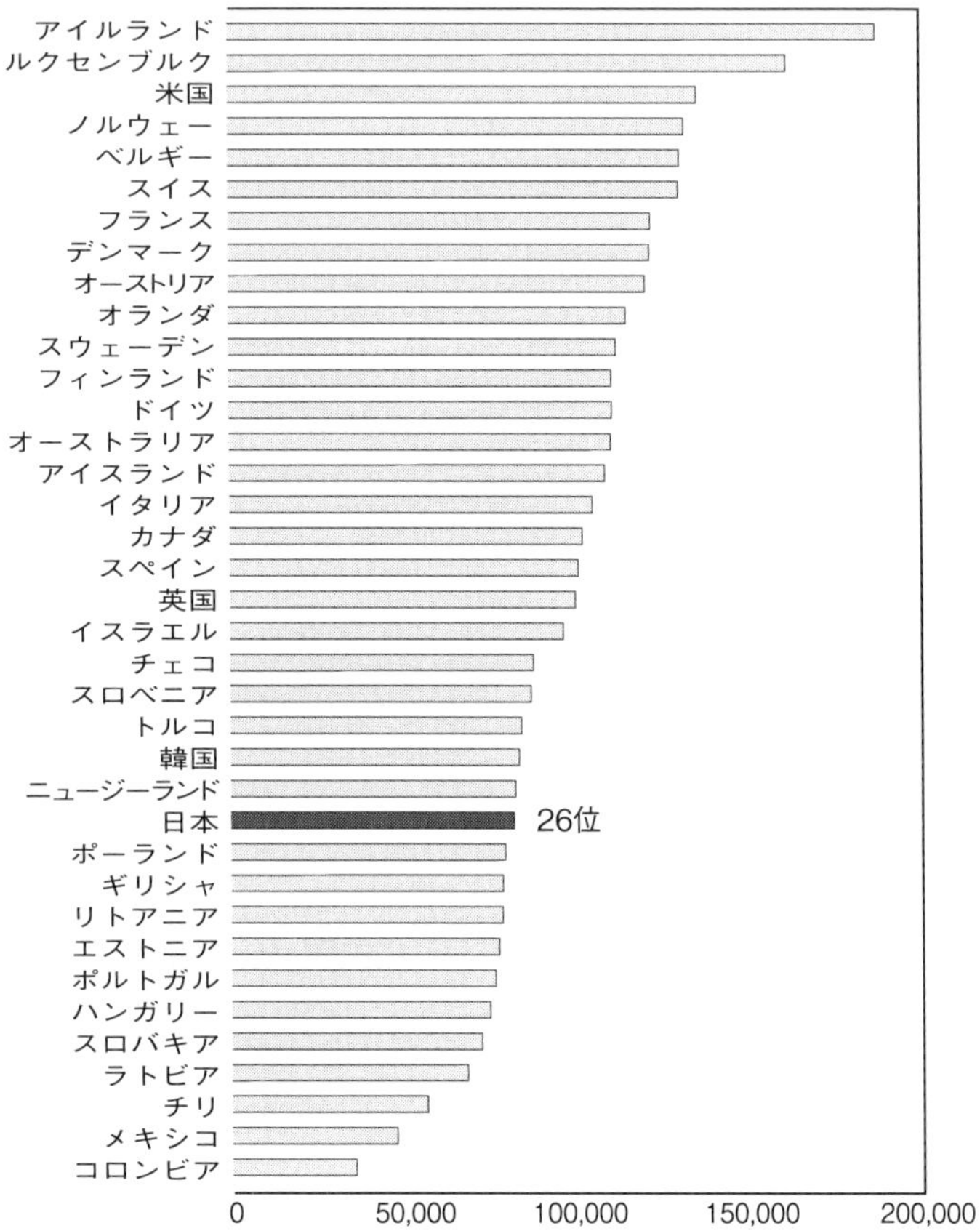

出所：日本生産性本部（2019年 OECD データ）
労働生産性＝実質 GDP ÷ 就業者数
為替レートは購買力平価換算（ドル）

今の日本は先進国と言えるのか（著者作成）

① 国民一人当たりの GDP（2021年）　28位（39,339ドル）
1位ルクセンブルク（136,701ドル）
6位米国（69,231ドル）

② 国際競争力（2021年）　31位

③ GDP に占める教育費（2017年）　比較可能な38か国中37位

④ 幸福度ランキング（2022年）　54位

⑤ 国民1000人当たりの医師数（2017年）　31位（2.43人）
1位オーストリア（5.18人）

⑥ 貧困率（2017年）　高い順で15位（15.7%）
42位アイスランド（5.4%）
41位チェコ（5.6%）
40位デンマーク（5.8%）

⑦ 経済成長率（2021年）　157位

⑧ 平均給与（2021年）　OECD 加盟35か国中22位

っています）。人間の手段化という不道徳が社会を衰退へ向かわせています。すべての人に充分な収入を保障すれば、自ずと社会が活性化して、社会全体に良い影響を与えるのではないでしょうか。

このような社会状況を見聞すると、現代に新たな身分制度が定着してしまったのではないかと思わされます。大企業と中小企業、その社員間、親会社と子会社、保険会社と代理店、コンビニ本部とコンビニ店、それらの関係はすでに、身分関係の実質を持っているように見えます。実質的な支配と服従関係が見られます。東大生の親の年収が１０００万円以上の家庭が半数を超えていることも、身分の固定化を想像させます。身分制の弊害は江戸時代後期以降、社会発展の足かせになりましたが、同じことが、今、起きているようです。それを前出の統計資料が裏付けています。

④ 法律を正しく適用して、「労働に見合う賃金を支払う社会を」。

労働に見合った賃金を支払わないことが社会に様々な歪みを生んでいます。貧困はもちろんですが、看護師・介護士・保育士の賃金が労働に見合っていないために、人材が不足している問題。運転士の過労による事故多発。若者のホームレス、自殺者増加。消費支出が増えず、企業の内部留保が増え経済の活性化ならず、などなどです。

岸田政権は看護師、介護士、保育士の賃金改善を言い出しましたが、その上げ幅は1％〜3％を考えているようです。これでは勤労者平均給与との格差を埋められません。介護保険法実施前、ＪＲＣ（青少年赤十字）の部活動でボランティアをさせていただいた施設で、生徒は「公務員並み給与だから、関心があるならおすすめの仕事だよ」と声を掛けられました。30年前は公務員並みの給与が制度的に保証されていたのです。介護保険法の目的は介護制度の充実と言われましたが、国や企業の負担軽減が目的だったようです。

このような労働環境の問題が指摘されるなか、安倍首相（当時）は「世界で一番外国企業が活躍しやすい日本にする」と豪語しました。これは労働基準法の適用から外された、企業に都合がよい労働者を提供することも含んでいます。その代表例が労働基準法の適用を免れる「高度プロフェッショナル制度」です。過労死が問題化して始めた働き方改革が、過労死を促進しています。「過労死で世界企業をおもてなし」この川柳を地で行く所業です。

過重労働に加え、管理規制の強化が勤労者を苦しめ、心を病む人が後を絶ちません。ここで、次のことを言わねばなりません。

⑤「仕事が生きがいになる職場にする」ことは、企業のもう一つの社会的責任です。誰もが仕事を楽しいと感じられる社会が求められています。

⑥生活者感覚からすれば、軍事同盟がある状態は平時ではありません。

まだ、不思議でしょうがないことが続きます。軍事同盟です。そもそも、仮想敵国を想定しない軍事同盟はありません。仮想敵国とみなし合った段階で、個人どうしなら、ファイティングポーズを取り合っている図を思い浮かべてしまいます。これは、いつ殴り掛かってくるか分からないのですから、両人にとって、結構なストレスです。これは国家間の外交にも言えることです。同盟国どうしの合同演習が繰り返し行われています。軍事同盟は「戦争準備はできている」という脅しと見る方が事実に近いようです。

第一次世界大戦前の主な同盟・協商関係

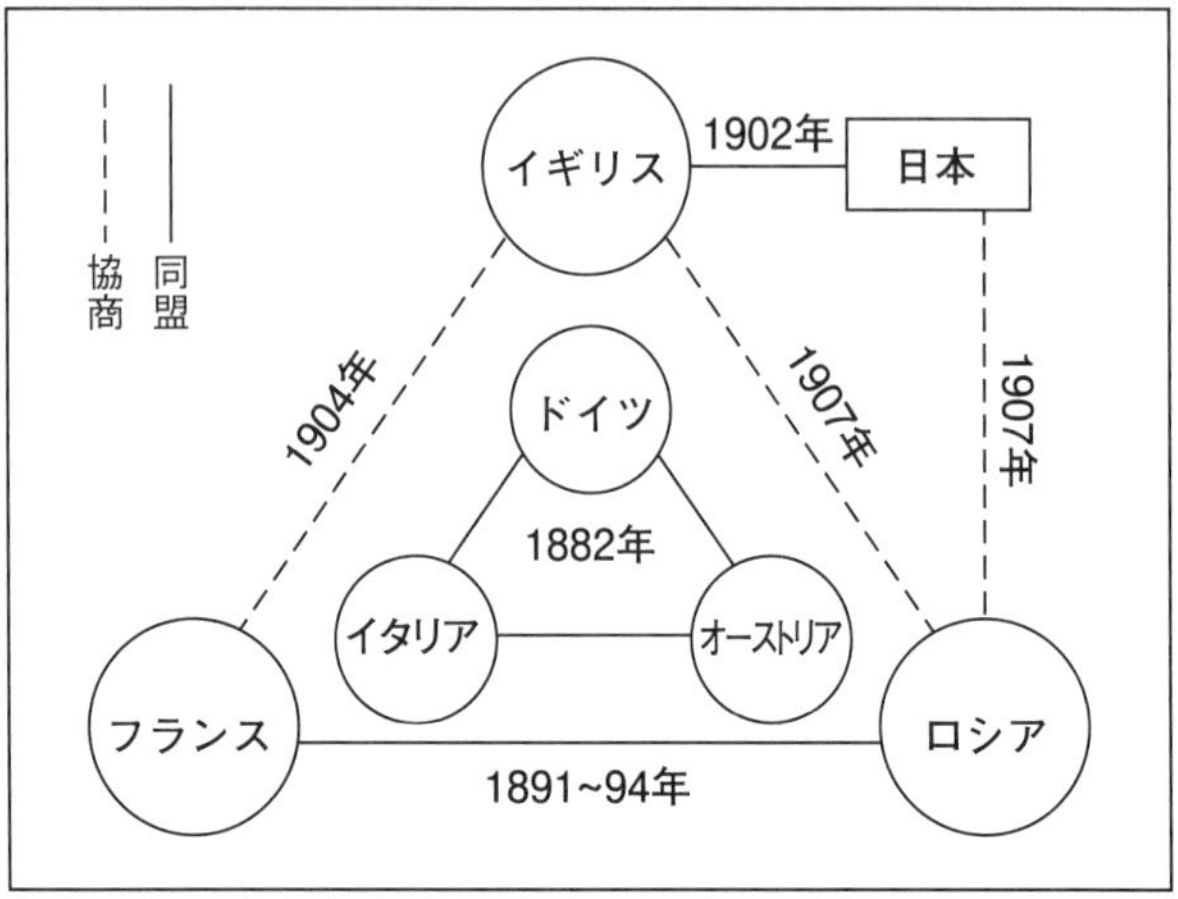

仮想敵国どうし、脅しながらの外交に信頼が入り込む訳もなく、結果は端から見えています。これは、歴史が教えるところです。第一次世界大戦前、三国同盟、三国協商の成立を人々は戦争の前触れと思ったのではないでしょうか。日英同盟は、ロシアとの戦争を開始するために結ばれたことは疑いようがありません。自衛のためであれ、侵略が目的であれ、軍事同盟は戦争への備えです。政府は軍事同盟を結んだ段階で、「戦争も覚悟して欲しい」と正直に警報を鳴らすのが、誠実というものです。

⑦ ウクライナ問題にどう向き合えば…。

では、ウクライナ問題にどう向き合うことが、まともなのでしょうか。ウクライナ侵攻が始まる前から今に至るまで、全世界に求められたのは、カントが言うように(「はじめに」参照)、ウクライナのことはウクライナが決めるという原則です。ですから、ウクライナ政府と独立派の対立に、大国は手も口も足も出してはいけないのです。派遣した軍を撤退したうえで、ウクライナ自決原則を欧米ロが確認し合うことです。支援がなくなれば、ウクライナ国民自身が内部対立を武力以外の方法で解消する可能性が出てきます。少なくとも、外国が関わらない方が人的被害を小さくします。

そもそも、この危機は、ウクライナがNATOに加わることをロシアが安全保障上恐れたことから生まれています(やはり、NATOがある状態は平時ではなく、準戦時なのです)。ならば、**ロシアにもNATOとEUに入ってもらえばどうでしょうか。**これを聞いて突飛な発想と感じられたと思います。提案しておいてなんですが、「突飛な発想」と言われれば、その通りです。ところが、すでに、これに向けて動いた人物がいるのです。これを私は知りませんでした。フランスの経済学者にして思想家、ミッテラン大統領の特別顧問などを歴任したジャック・アタリです。アタリにとって、NATO、EUにロシアを迎え入れることは論理的に自然な帰結だったのでしょう。柵《しがらみ》がなく、素直に知性を働かせれば自ずと、アタリと同じ想いになります。

彼は自らが提案した、冷戦後の東欧諸国の経済開発を支える欧州復興開発銀行の初代総裁に就任します。就任しない理由が見当たらないというか、自分が最適任と思ったのでしょう。そして、ロシアのEU加盟に向け動き出すのです。すると、ロシア国内にも応じる勢力があり、実現可能性がありましたが、アメリカの反対に遭い、頓挫します。その経験からでしょうか、アメリカは常に敵がいないと困る国だと言い、それは米国の軍産複合体が戦争を必要としているからだと指摘しています。当時は、中国は米国の脅威ではなく、唯一の仮想敵国であったロシアがヨーロッパ社会に入ってこられては、戦争ができなくなることを恐れての反対だったとアタリは言っています（2022年4月6日のNHK、ETV特集「海外の知性と語るウクライナ危機の深層」でのインタビューに、そう答えています）。

もし、ロシアがNATOに加入となれば、欧州だけの朗報ではありません。新しい展望の可能性が生まれるからです。ロシアが加盟したNATOを「地球平和安全機構」として、これに日米韓の軍事協力体制も加われば、あとは中国の加入を促すだけで地球平和体制は形を現します。

これが世界の軍事紛争の停戦管理や災害援助活動を行います。世界の主要国が協調する組織ですから、今の国連よりも強力な平和維持と民生保全を行う能力を発揮するでしょう。

以下は余計なことですが、地球外高等生物の出現があるかもしれません。その時のために、人類にではない、対宇宙人を想定した装備を持つ「地球防衛隊」も準備できます。

しかし現在、この加入提案は、プーチンを戴くロシア支配層の既得権を脅かすので、ロシア自身が受け入れる可能性はないでしょう。と思えるのですが、EUが共に歩もうとの意思を示すことは、新しい時代への扉を開く可能性があります。というのは、プーチン政権が拒否したとしても、市民が応えるかもしれません。市民の新しい動きを誘い、新しい政治の流れが生まれるかもしれません。もし、加入となれば、自ずと、NATOは不要になります。70数年ぶりに平時に戻ります。そのためにはウクライナ戦争ゆえのロシア人への侮辱や軽蔑は禁物です。そうではなく、プーチン後、彼らの尊厳を尊重する笑顔で迎え入れる門を広く開いて見せることです。

対立する者同士が同程度の軍事力を持つことで、戦争を回避できるという均衡理論にも納得がいきません。対立しているのですから、お互いに信頼し合っていません。だから、相手を超える軍事力を持とうとするでしょう。これをお互い繰り返しますから、均衡理論は軍拡競争になるのが自然です。50対50で均衡していたものを一方が100にすれば、もう一方も100にする。それが200、300になるのです。これが繰り返されることになります。

⑧なぜか、0対0はないのです。0同士の均衡は均衡ではないのでしょうか。これが、最も安全で精度の高い均衡です。なぜ、この事実から目をそらすのか。なぜ、この発想転換ができないのかが不思議です。均衡理論が言われる限り、軍産複合体は安泰です。均衡理論に疑義ありです。

軍産複合体とは、利害が一致する政府部局と軍部、軍需産業が一体となって、武器を供給する仕組みです。アメリカ軍需産業の従業員数は100万人、関連を含めると1000万人と言われます。大きな票田であり、政治に影響力を持つ圧力団体です。0対0の均衡理論は軍産複合体を温存させる限り、空論のままです。かつての石炭産業整理のように、軍需産業にも手を付けることが肝要です。

ここで、もう一つ指摘したいことがあります。均衡理論と似た核抑止力という勘違いについてです。

核抑止力が効力を発揮するのは核を持つ国が世界にただ一国の場合だけです。この国は核ゆえに、他国からの平常兵器による侵攻を99％、否それ以上防ぐことができると予想できます。しかし、複数の国が核を持つならば、核が核戦争を抑止できないことはキューバ危機で証明済みです。これに対して、核抑止力がこの危機を回避したと専門家たちは言い続けてきましたが、違うと思います。この見解はこの危機が起きた仕組みを見定める視点を欠いています。

ソ連がキューバに核を持ち込もうとした理由を想像してください。核戦争が必要になった場合、少しでも、有利にすることが目的だったと考えるのが自然です。つまり、核戦争を仕掛ける時の備えをしたかったということです。これを見抜いたからこそ、アメリカ大統領ケネディは素早く、核戦争も辞さないという厳しい対応をせざるを得なかったのです。

ソ連にしてみれば、いつか核戦争を仕掛けるための準備のつもりでした。ですから、この時、核戦争をする気はなく戦争を仕掛ける状況にもなかったのです。なのに、アメリカの核攻撃を誘ってしまったので慌《あわ》てたのです。その結果の危機回避でした。これに、核抑止力を認めることができるでしょうか。できません。なぜなら、ソ連がこの時、核戦争をしなければならない状況との判断を持っていたら、核戦争は始まったに違いないからです。

そこで、ウクライナ戦争を観ます。プーチン大統領はウクライナ侵略を早期に終結したいのですが、通常兵器による戦闘で、逆に、苦戦を強いられています。だから、これを打開するぞと、核兵器使用をちらつかせるのです。戦況は核兵器を持ち出す必要にあります。ここがキューバ危機と違うところです。戦況は指導者層の足の乱れや、国民の不満、世界から受ける経済制裁による苦境のなか、プーチン大統領が一歩踏み出しかねない緊迫状況です。

これを見て、今まで、核の持ち合いによる抑止が有効との論陣を張っていた専門家たちがロシアの核使用を言い出しました。核抑止論はどこへ行ってしまったのでしょうか。「使用すると言っても戦術核という小型原爆に限られるでしょう」と解説している論者もいますが、小型原爆も核兵器です。

核抑止論には100％の効力が求められます。抑止が効くというので、人類を滅ぼすかもしれない核兵器を保持してきたのですから、当然です。100％でないと分かっていたら、放棄する道もあったのです。今更、「100％であるはずがないでしょう」と言われても困ります。それは無責任というものです。端から、核兵器禁止の道を選ぶべきだったと思い知らされます。**核は必要があれば、使われます。やはり、核兵器を持ち合うことで核戦争を抑えるという核抑止論は、まやかしなのです。**ロシアが核を使用しないまま敗れたとしても、ことは同じです。

核兵器を持ち出し、脅しに使った段階で、核抑止論は破綻しています。「脅し」は核の威力を利用する行為だからです。フィンランドの外相が、ロシアはウクライナに向けた核兵器発射の準備ができている可能性があると発言しています。これが事実ならば、まさに「脅し」という核兵器の使用です。

政府が「国民の生命と財産を守る」と頻繁に言い出したらご注意を!!

私たちは「私は人間です」と自己紹介はしません。当たり前で必要がないからです。「国民の生命と財産を守る」は「私は人間です」と同じで、政府がことさら言うことではありません。それをあえて繰り返すのは、何らかの意図がある時です。それは「国民の生命と財産を守る」のではなく、「国民の生命と財産を狙っている」時なのです。これを隠すために、繰り返しが必要になるのです。

この時、必ず、ナショナリズムと愛国心が強調されます（2022年3月現在、ロシアは「愛国教育プログラム」を実施し、ウクライナ侵攻を正当化する授業を全国の学校で展開しています。ちなみに、安倍政権も教育基本法の教育の目的に愛国心を加えました）。そうなったら、危険は近づいています。警戒が必要です。仮想敵国への警戒ではなく、自国政府への警戒です。他国への不信を煽《あお》り、攻撃を正当化する手段が愛国心だからです。

⑨愛国心よりも、同胞を愛する「愛国民心」の方が大切です。さらに言えば、国民が愛し合うことに加えて、「人間愛」（博愛）を求め合いたいものです。古今東西の知者が言い続けていることです。

こう言いたくなる理由は次にあります。平時において自国内で外国人を殺すと、自国権力によって罰せられます。ところが、ナショナリズムを経て開始される戦争では外国人を殺すことが奨励され、賞賛されるのです。これは矛盾ですが、これを抵抗なく受け入れさせるのがナショナリズムです。戦争という「まさか」が転がりだします。

この動きは、すでに、大手を振って存在を主張しだしていないでしょうか。「先の戦争は侵略戦争ではなかった。アジア諸国を欧米列強から解放する戦争であった」「日本はアジア諸国を支配したのではなく、発展を手助けしたのだ」という歴史修正主義が人目もはばからず発言しだしています。

⑩これは、日本は過ちを犯すはずがないとの自尊です。というか「自国尊」です。真実を見つめる目を曇らせ、歴史を捻じ曲げます。あってはならぬことです。

まだまだ、唖然とする発言はあります。2014年、石破茂自民党幹事長（当時）は「自衛官の死傷を政治家が覚悟しなきゃ」と発言し、自衛官を死なせる覚悟をする最初の政治家になると豪語しました。九条を国是とする国の政治家が口が裂けても言ってはいけない本音です。

程度の差はあれ、国民はそれぞれが思う愛国心を持っています。それなのに、権力者が愛国心、愛国心と強調するのは、国民が示す愛国心では物足りないからなのです。現に、今、国民が示す愛国心では不満なのでしょう。稲田朋美（元自民党政調会長、元防衛相）氏は「国のために死ぬ覚悟をしなければならない」と発言し、国民に「死ぬ覚悟」を求めています。これが、彼女が国民に求める愛国の中身です。国民の愛国心では物足りないと感じる理由はここにあります。やはり、国を動かす政治家は国民の生命と財産を狙っています。

［犬養毅］1931（昭和６）年、満州事変が勃発し、時の若槻内閣は戦争不拡大方針を出すが、軍部を抑えきれず失脚。その後を受けたのが犬養毅。軍部が進めた満州国建国を認めず、5・15事件で暗殺される

歴史修正主義の方々も、ロシアのウクライナ侵攻を非難していることでしょう。しかし、彼らが賞賛する戦前日本は、プーチンと同じことをやってのけました。自ら鉄道を破壊した柳条湖事件を口実に戦闘を開始した後で、満州の人々を守るという理屈で中国侵略を正当化しました（プーチンはウクライナのナチスからウクライナ人を守ることを

口実にしています)。その後、日本軍が占領し、「独立」させた傀儡満州国を承認したこと(プーチンはウクライナのドネツク、ルガンスク傀儡政権を承認)。それも、承認を渋る犬養毅首相を暗殺してのことです。これが国際社会から非難され、結果、日本は国際連盟を脱退し、国際的孤立に陥ります。言論弾圧で政府批判を許さず、報道規制のために正しい情報が国民に伝わらない、物言えぬ国を創り上げました。今のロシアと瓜二つです。戦前の日本を尊敬する人たちに、プーチン政権を非難する資格はありません。

⑪ 戦争は国が「死なせる覚悟」をし、国民が「死ぬ覚悟」を受け入れることから始まります。この覚悟をさせないことです、しないことです。

(この意思を示すために、私が代表を務める「憲法を生かす匝瑳九条の会」は2014年11月8日、「戦争に行かないぞ宣言」(本書巻末に所載)をして、SiZ(戦争に行かないぞ)バッジを製造販売しました。カバーの折り返し部分にその写真を掲載しています)

今、権力者が「死なせる覚悟」をしたようです。次に、国民に死ぬ覚悟を求める論調を張るでしょう。ちなみに、戦時中、戦場で殺し殺されることを恐れ、忌避する正常な感性を麻痺させるために、ヒロポンという薬物を兵隊に打った記録があります。ナショナリズムは、このヒロポンと同じです。正常な判断を非常識に仕上げる役割も負っています。

また、ナショナリズムは自国の歴史・文化が素晴らしいことをことさら強調し、わが民族は優れているのだと、国民の自尊心を刺激します。**自尊心の裏返しとなって、外国人を蔑む態度が現れ出ます。すでに、ヘイトスピーチという形で出現しています。**

ネトウヨと呼ばれる人たちがいます。ネットの世界での右翼です。右翼の共通点は個人より国家に価値を置くナショナリズムの思想です。国家が絶対的権力を持つことを理想とします。

またも、石破茂氏の登場です。自民党憲法改正草案が定める国防軍の軍法会議で「命令拒否は死刑にするぞ」と述べています。幹事長時代、安保法制に反対する市民に向けて、「デモはテロ」と言いのけた吾人です。国家への絶対服従を強いるための「死刑にするぞ！」発言です。「お上に逆らうな」ということです。これらから、国家に絶対的権力を持たせたいとの思いを読み取ることに無理があるでしょうか。ネトウヨも「石破閣下発言、断固支持」などと応えています。

２０２０年2月4日、防衛省陸上幕僚部が記者向け説明会で配布した「陸上自衛隊の今後の取り組み」と題する資料に、自衛隊が警察や米軍と連携して対応する事態に、テロやサイバー攻撃に加えて「反戦デモ」を入れていることが、２０２２年3月30日の衆議院外務委員会で明らかになりました。石破氏も防衛省も反戦デモをテロと同じとみる点で一緒です。「反戦デモ」を危険視するのですから、国は戦争がしたいのかと疑わざるを得ない事態です。

そこで、思うのです、言いたくなるのです。私たちは国土に生きてはいますが、国家に生きているのではなく、社会に生きているのではないでしょうか。より良き社会が目的であり、国家はそれを支える機関です。そのように考えていないと、国民は国家の手段にされ、目的として扱われないことを歴史は教えています。支配者は「社会のために」というより、「国家のために」をより強く言います。なぜなら、権力者は「国家のために」を「権力（者）のため」へとたやすく切り替えられることを熟知しているからです。社会に生きているという意識と、より良い社会を創ることを目的にする思想は、ナショナリズムに絡めとられない砦になります。

国境は国にあるのであり、社会は国境を持ちません。日本史の授業で倭寇《わこう》を習いました。中世、東・東南アジアを舞台に暴れまわった海賊と記憶している方が多いと思います。間違いではないのですが、彼らの正体は海商です。半農半漁で生きていけないので、略奪もしましたが交易が本業です。彼らは国家を越えた国際社会を生きていたと言ってよいのです。その証拠は、倭寇は日本人と思われがちですが、中国人や朝鮮人その他の地域の者たちも倭寇と呼ばれ、互いに交流していたことです。

また、西欧社会が介入する以前、中東、アフリカの遊牧民は国境に関係なく行き来していました。ここでも交易が国境に関係なく行われていました。これらの事実が、国家よりも社会に生きていたことを、また、国家誕生以前から社会があったことを教えてくれます。そして現代は、抑えきれないほどの交流と交易が世界の隅々まで行き渡っています。世界を舞台に仕事をしている方々は自分が何人なのか忘れて生活しているのではないでしょうか。

今、ロシアがウクライナを侵略していますが、ロシア兵は殺し合う必然性を見いだせないでいます。互いの国に親戚がいるという方が１０００万人いるそうです。国家の枠では処理できない生活感が想像されます。両国民は交流し、支え合う共有の社会に生活している市民なのです。これを無視する国家の論理が兵士の倫理を踏みにじっています。ロシア兵の士気が上がらなくて当然なのです。

⑫より強い国家ではなく、より良い社会を目標にしましょう!!

このように、各地域にある社会が交流し、依存し合い支え合っています。ならば、国際社会成立を意識している人口が増え続けているでしょう。この意識を持つ人々は、世界に一つの国家を形成した方が便利で、座りが良く、居心地が良いと思います。そんな人々が「アース国設立」を宣言して「アース国民」を募集する。ＳＮＳでハッシュタグ「アース国」を立ち上げて、国民を募集する。同好会を作るノリで、新しい世界への扉を開く。そうすることを提案します。

このような提案をするのは、大国の力による横暴が続いているからです。戦後、大国による力にものを言わせるわがままがなければ、どれ程、世界は穏やかだったことでしょう。米ソ（露）の自分勝手のために国連が機能不全にある姿は、財力と軍事力に欠ける室町幕府（国連）と有力戦国大名（米中露）の関係を連想させます。戦国時代と同じ「力の支配」のままの現代です。アース国には、大国の国益という世界戦略を無意味にする「野望」があります。

⑬ アース国を立ち上げ、国民になろう！

アース国＝地球統一政権を創ることは人類存続のために１００％正しいことです。しかし、１００％の正しさは権力にとっては危ないのです。なぜなら、権力も従わねばならないからです。１００％の酸素が危険なのと同じです。

⑭ どうする、アベノミクス破綻への対応！

国内の経済的破綻の危険性を指摘しないではいられません。異例ずくめの策ゆえ、危険性を指摘されてきた、今も続いているアベノミクスの失敗による危機です。円安による大企業の輸出増による収益増大と株価上昇だけを目指した見せかけの好景気を生んだ仕組みが今、破綻しだしていることは間違いありません。これを言わずには済まない事態に入り込みました。

マイナス金利政策を採り、国債を日銀が買い取りして市場に資金をだぶつかせ、欲しいだけ政府に財源を提供する策を安倍政権以来岸田内閣も踏襲しています。円安を止めるために金利を上げたくても、上げられないのが現実です。発行済み国債が１０００兆円もあり、金利を上げれば国債費が増加するからです。なんだかんだで、日銀は金融政策を採る手立てを失っています。世界の動きが変わっても何も手を打てない金縛り状態が続きます（２０２２年5月9日、大分市で開かれた会合で安倍晋三元首相が「日銀は政府の子会社」だと発言しました。本音を言ってしまったと思うのと同時に、彼の政策の本質を自白したとも受けとりました）。

国債発行残高

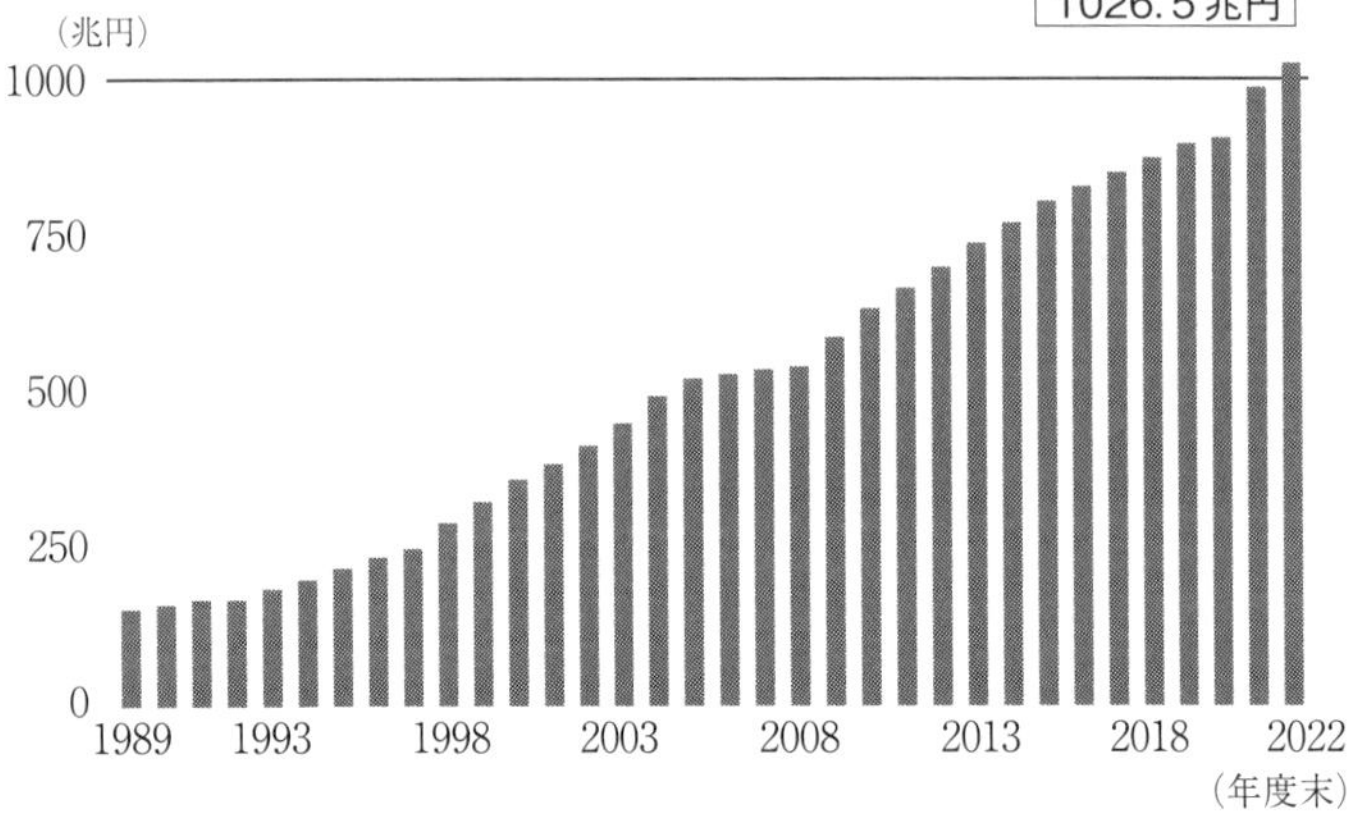

（出所）NHK調べ。2020年度末までは実績、2021年度末と2022年度末は当初予算。

まだ病巣はあります。国際競争力が落ちて、元々貿易収支は赤字に向かっていましたが、とうとう、日米の金利差やエネルギー価格の上昇がひびき、22年度の貿易収支は20兆円の赤字の見通しです。当然、円の為替相場は（安倍内閣以前の79円から）130円台となり、円の価値が大幅に下がっています。ますます、物価は上がり、円安に歯止めがかからなくなれば、日本国債の暴落によって、これを500兆円も保有している日銀の倒産の可能性も出てきます。ハイパーインフレの危険性も現実味を帯びてきています。

最大の失敗は円安に誘導して国際競争力の維持を図り、企業を甘やかし新しい価値ある製品を創る努力をさせないできたことです。

さらに、労働法制を変え、非正規雇用へのし

日本の競争力総合順位は31位

順位	国名		順位	国名	
1	スイス	（↑2）	33	キプロス	（↓3）
2	スウェーデン	（↑4）	34	チェコ	（↓1）
3	デンマーク	（↓1）	35	カザフスタン	（↑7）
4	オランダ	（0）	36	ポルトガル	（↑1）
5	シンガポール	（↓4）	37	インドネシア	（↑3）
6	ノルウェー	（↑1）	38	ラトビア	（↑3）
7	香港	（↓2）	39	スペイン	（↓3）
8	台湾	（↑3）	40	スロベニア	（↓5）
9	ＵＡＥ	（0）	41	イタリア	（↑3）
10	米国	（0）	42	ハンガリー	（↑5）
11	フィンランド	（0）	43	インド	（0）
12	ルクセンブルク	（↑3）	44	チリ	（↓6）
13	アイルランド	（↓1）	45	ロシア	（↑5）
14	カナダ	（↓6）	46	ギリシャ	（↑3）
15	ドイツ	（↓2）	47	ポーランド	（↓8）
16	中国	（↑4）	48	ルーマニア	（↑3）
17	カタール	（↓3）	49	ヨルダン	（↑9）
18	英国	（↑1）	50	スロバキア	（↑7）
19	オーストリア	（↓3）	51	トルコ	（↓5）
20	ニュージーランド	（↑2）	52	フィリピン	（↓7）
21	アイスランド	（0）	53	ブルガリア	（↓5）
22	オーストラリア	（↓4）	54	ウクライナ	（↑1）
23	韓国	（0）	55	メキシコ	（↓2）
24	ベルギー	（↑1）	56	コロンビア	（↓2）
25	マレーシア	（↑2）	57	ブラジル	（↓1）
26	エストニア	（↑2）	58	ペルー	（↓6）
27	イスラエル	（↑1）	59	クロアチア	（↑1）
28	タイ	（↑1）	60	モンゴル	（↑1）
29	フランス	（↑3）	61	ボツワナ	（－）
30	リトアニア	（↑1）	62	南アフリカ	（↓3）
31	日本	（↑3）	63	アルゼンチン	（↓1）
32	サウジアラビア	（↓8）	64	ベネズエラ	（↓1）

注：（　）内は2020年版順位からの上昇（↑）、低下（↓）幅を示す。
出所：IMD「世界競争力年鑑2021」より三菱総合研究所作成

わ寄せを加速させ、人件費抑制によって収益を出す、守りの体質に固めることで、企業をダメにしてきたのです。今すぐに、これと真逆の政策が求められます。

九条を掲げて国際社会をリードする努力をせずに存在感を失っているなか、経済力も衰えれば、日本は世界に貢献する先進国の役割を失います。アベノミクスの失敗のツケをも国民は背負うことになるでしょう。世界の平和危機に加えて、経済危機にも備えねばなりません。先に進むために、アベノミクスの責任を明らかにしなければなりません。

安倍晋三元首相と言えば、言論統制に強い関心を寄せています。というか、執念を持っています。古くは、官房副長官だった2001年、慰安婦問題をテーマにしたNHK番組に「偏向している」と圧力をかけ、番組内容を変えさせた「前科」があります。そして2022年、『週刊ダイヤモンド』3月26日号の「核共有」に関する安倍氏のインタビュー記事を事前にチェックするように朝日新聞編集委員の峰村健司氏に安倍氏が依頼していたという「事件」が発覚しました。ちなみに、この事件は言論の自由に関わる重大問題にもかかわらず、メディア全体として、厳しく追及する姿勢が弱いと感じます。

プーチンや習近平、トランプの共通点は民主主義や言論の自由に敵意を示すことです。安倍氏もこの末席に伍していませんでしょうか？　**尊厳の時代に最も敏感にならねばならないのは「言論の自由」「思想信条の自由」のはずです。安倍氏への責任追及はここでも必要です。**

最後に、大事なことを加えます。いつから、安全保障＝国防と考えるようになってしまったのでしょうか。外交や、食糧自給率の向上、温暖化対策、原発問題の解決も重要な安全保障であることを忘れたがごとき政策が大手を振るっています。さすがに、岸田首相の東日本大震災特別復興税を軍事費財源にするとの発言には耳を疑いました。復興税は被災者の命を守るための税でしょう！　このやりようの本質はどこにあるのかを考えて浮かんだのが「国防に含まれてない民の幸」でした。この岸田発言からは、「国防は国家を守るもので、国民（生命）を守るものではない」との本音が透けて見えます。しかも、この守る国家とは米国のようです。

⑮ そうではなく本当は、国防こそ、国民の生存権を基底に据えた社会保障でなければなりません。安全保障の到達点は社会保障です。

●平和のための戦争

「平和を名乗る戦争」と聞いて、うさん臭いと感じてしまいます。人を欺《あざむ》き、騙《だま》くらかそうとしていると疑うのは自然です。「平和」の対義語が「戦争」ですから。

しかし、日本史だけでも「平和のための戦争」の事実があります。豊臣秀吉の「総無事令」です。大名間の軍事力による領地奪い合いを禁止する法令です。紛争の場合、豊臣政権がその処理に当たり、違反したものを処分する権限を知らしめる法令です。秀吉は、これに違反した島津氏や北条氏の鎮圧に向かいました（法令として施行したとは言えないという説もありますが）。これによって、全国統一は完了し、戦いは終わりました。ということは、「平和のための戦争」との一面を持っていると言えるのです。

現に秀吉がこの世を去り、関ヶ原の戦いを経て、江戸幕府は260年余の平和を実現しました。武家諸法度には、兵の移動の幕府許可制を定め、違反した場合は改易も含む処罰があり、軍事行動禁止を強制しました。幕府が最高の秩序維持力となることで、平和が維持されたのです。

この平和が崩れかけたのが幕末・明治維新期です。江戸幕府を倒したものの、大名が領地を領有する状況を打開できないでいた明治政府は、一気に、現状を変える策を講じます。薩摩・長州・土佐三藩から1万の兵を東京に集め、政府直属の軍事力（御親兵）とし、断行した廃藩置県がそれです。

これは大名の領主権を奪う革命ですから、阻止しようとする戦いの可能性がありました。しかし、反乱は起きませんでした。それは、御親兵が幕府を倒した強力な軍事力であったことと、各藩は巨額の財政赤字に苦しんでいたので、新政府がこれを肩代わりするとの言に飛びついたことの結果だと言われています。なにはともあれ、1万の御親兵が秩序維持装置として働き、明治政府の支配を確立したことは事実です。

以上、豊臣政権・江戸幕府成立と明治政府成立による平和は、「平和のための戦争」と「平和のための軍事力」によってもたらされていると言えます。統一政権確立のために戦いが必要だと歴史は教えています。

これを踏まえて現在を観ます。前の二つは日本列島だけが舞台ですが、私たちが生きる現代は世界が舞台となっています。世界各国は江戸時代までの藩に似た存在です。経済が世界を一つにする動きを鮮明化するなか、世界統一政権が機能しなければ地球の問題を解決できないのではないか、と思わされる事態が現れています。

そこで、戦国時代を経て統一政権が誕生した例を引くならば、人類は戦争を繰り返すことで世界統一されることになります。しかし、このための戦争はもうできません。人類を滅ぼす可能性が高いからです。だから、「平和のための戦争」なしで、世界統一政権を築かねばならないということです。つまり、**世界各国の相互信頼を武器に世界を統一するしかないのです**。では、どうやって、世界政権を創ればいいのでしょうか。

利害対立が薄い問題を扱う部署から世界政府化していくというのが私の案です。その筆頭は環境問題です。国連で協議して、環境問題解決のための最初の世界政府の省を設置する。もちろん、この省には人材と予算と権限が必要です。①環境問題を世界レベルで捉え、解決策を出し得る科学者、技術者を国際的研究機関研究者、国連環境部署員、環境ＮＰＯ職員などから集める。②国連加盟国から財政力に応じた額を先行地球政府に納める。③この部署は国連からも独立する。不完全ですが「世界政府」です。そして、順次、国連の機能を移管します。

世界政権の樹立の要は、どのように自前の税制と軍事力を整えるかにあります。この道を創る知恵を我々は持っているはずです。戦争なしで、世界政権を創り上げます。このロードマップを創作する機運を作り上げることを、ウクライナ戦争後の国際政治の仕事にしたいものです。

しかし、その可能性は極めて低いと思わせる事実があります。民主主義国家がロシア、中国などの専制国家と同じ土俵に立って、対抗策を練っていることです。ウクライナ戦争にかこつけて軍事力を強化するのではなく、これを否定する思考を深め、広げることの大切さを思います。

例えば、ウクライナ戦争開始から1か月で、軍事費増額が多くの国で検討されています。米国がロシアの小型核兵器開発を睨《にら》んで臨界前核実験をしたとの報道もありました。専門家は「有効な対応策」と言っていますが、これをやってはいけないと思うのです。

部分から始める世界政府案を語らせていただきました。多くの方が、様々な試案を提出されることを願います。

「平和のための戦争」は他にもまだあります。内政干渉や侵略から身を守る「平和のための戦争」です。ウクライナ戦争がまさにこれです。加えて、圧制に対する抵抗という「平和のための闘い」もあります。現在、ベラルーシ、ミャンマー、イーグル自治区、香港などで、人権を奪われている人々が自由を奪い返す闘いをしています。これらは、武力を行使せずとも「平和のための戦争」です。では、これらはどのような考えから正当化できるのでしょうか。

●「伝統的革新思想」とは

「天」とは世界そのものであると同時に、人や事物に負わせるところの最高原理の意です。極端に単純化して言えば、儒教の開祖孔子の『論語』は、天理を源泉とする政治思想の書です。儒教は宗教というより、実践的で合理的な思想といった方がその実態に近いようです。また、時の権力と一体化して、これを精神的に支える機能を持っていると習ったように記憶しています。

しかしこのような理解は、儒教が権力に取り込まれ、形骸化した時の姿なのです。孔子や孟子は、政治支配者が「天」の委託に違反して、人民の意思に応えることを怠るならば、その支配者を武力によって追放、討伐してよいと言い切っています。これを「放伐論《ほうばつろん》」と言います。

これを孟子の原典に求めますと、「人民が一番貴い。社会制度は次に大切で、政治支配者は軽んじられてよい。なぜなら、人民に信頼されていれば誰だって支配者になれるのだから」ということです。もしかすると、この放伐論は孔子や孟子の発見ではなく、以前から知られていたかもしれません。それを彼らが革新して、復活させたとも考えられます。というのは、彼ら以降、数百年、時には1000年を経て革新復活する例が多々あるからです。その一つが、14世紀日本の南北朝時代の北畠親房《ちかふさ》の『神皇正統記《じんのうしょうとうき》』に現れ出ています。この書物は吉野の南朝が正当な皇位継承者であることを論ずるための本です。

親房は「天理」において、神道も儒教も仏教も究極的には同じだと論じたうえで、「人はすなわち天下の神物なり」という人間観を立てています。この立場で具体的に述べれば、人民を神物として扱わない天皇が出てくれば、その天皇は「道」や「理」に反しているのであり、天によって処罰を受けねばならぬことを当然視するということです。彼は26代武烈天皇や57代陽成天皇に「放伐論」を適用しています。

放伐論は、中国では17世紀の黄宗義《こうそうぎ》、19世紀の譚嗣同《たんしどう》を経て、孫文《そんぶん》に至り1911年の辛亥《しんがい》革命として現れ出るのです。また、江戸時代の百姓一揆や幕末期にも噴出します。ここでは百姓一揆を取り上げます。

1653年、若狭国の庄屋、松木長操《ちょうそう》が「これほどまでに、百姓が難渋を述べて、年貢軽減を嘆願しているのに、どこまでも過酷に扱うことは恐れながら政道に背《そむ》いていないでしょうか」と記しています。1842年、近江大一揆の指導者土川平兵衛は江戸の大白洲で堂々と為政者を、「公明正大な公儀の役人が不法を行う理屈があるだろうか。人民を水火に落とすことが御公役と言えるだろうか。本来、役人は公平無私にして、赤子を愛するように万民を愛するものだ」と糾弾しています。１８４６年、浜松の民衆が血の出る思いで貯めた義倉《ぎそう》（飢饉に備えて、米や雑穀を蓄える制度）の米を怠慢から腐らせてしまった役人に対して「この天からの贈り物を大切に扱わず消耗したことは仁政ではなく、穀潰しである」と抗議しています。

［孫文］中国革命の父と呼ばれる中華民国の建国の立役者（1866～1925年）

ここには、「民生の安定」「正義実践」は為政者に課せられた責任であり、彼ら以外に果たしうるものではなく、それを果たせなかった場合、放伐されて当然との倫理が示されています。これは儒教思想を学んでいる武士階級の倫理であり、これに反してはならないと釘を刺しているのです。

現に、この考え方は広く武士階級に浸透していました。これを物語る例はいくらでもありますが、室鳩巣《むろきゅうそう》はどうでしょうか。彼は江戸幕府の官学総本山の昌平黌《しょうへいこう》の教授です。著書『不亡鈔《ふぼうしょう》』で「人に貴賤はない」と言い、主君は「万人を思い、万人の為に労して、己がために万人を労せず。これが天道なり」、為政者は万人のために労することを約束してこそ「君」なのであると主張しています。残念なことに、室鳩巣ほどの影響力をしても、この政治哲学が武士層にとってタテマエでしかなかった事例で溢れているのです。そこで、百姓一揆は、このタテマエの実質を求めて、これを根拠に闘いを挑みました。

タテマエを今一度確認しますと、「人に貴賤はない」「百姓の生命も武士の生命同様に尊重されねばならない」という倫理であり、百姓の生活が成り立つように誠意を尽くすことが為政者のあるべき姿だというものです。しかし、これだけが武器だとすれば、百姓一揆の熱量を説明できません。彼ら自らが内面化した倫理なくしては為政者との闘いに打ち勝つことはできなかったでしょう。

江戸時代に入ると、社会の安定に伴い、農村に商品経済が浸透し、生活は牧歌的でのんびりした単調なものから慌ただしい緊迫した雰囲気に変わりました。それは発展の機会もありますが没落の危険も多い多忙で油断のならない生活です。没落を警戒しながらも成長を目指すことになります。ここでは、「才覚」「利発」「無駄のない働き」が必要とされ、実力・実利・合理を価値とする近世農民倫理が成立していきます。と同時に、支配者が民に求める通俗由来の道徳である「勤勉」「倹約」「正直」の実践意欲も高まります。これらの目的は、自己の生活を守ることです。

百姓一揆に思想があるとすれば、命をつなぐための厳しい生活のなか、百姓の生業《なりわい》＝生産活動が培《つちか》った右に挙げた倫理です。百姓たちは彼らの倫理に基づく活動を為政者が妨げることを放置しなかったのです。己の倫理を生きようとする農民の意志が百姓一揆の根底にあります。これが百姓一揆のエネルギーの源です。

本来なら「百姓が目的であり、為政者はこの目的を達成するための手段でしかない」百姓がこの関係を天理と見抜いた時、自らの存在の価値を自覚します。「農人は天下の百姓」との主張は食料を生産する生命の維持者としての自負の表現です。大原騒動で農民たちは、飛騨高山の商人たちに「百姓あればこそ町人共は商売ができる」と言い、代官所の役人に対しては「我々がお前らを養っているのであり、主人と思い大切にするのが当然だ」と言い放っています。ここには百姓たちの己の社会的価値への自覚が見られます。これも、百姓一揆の強さの秘密です。

その他まだ、百姓一揆には特徴があります。例えば、有名な佐倉惣五郎は、処刑される直前、目の前の役人を睨んで、「一念（彼が行動を起こした思い）はどうして朽ち果てようか。我が魂は長くこの地に在り、領民を救済する」と叫んだと言います。天保年間、近江の大一揆の指導者横瀬平治は検地帳の破棄をする時に、「自分たちだけ検地を免れようとすることは公正ではない」と他地域の検地帳も破棄しました。美作《みまさか》（現岡山県の一部）の百姓一揆の指導者アマノ時貞は「わが命終われども一念は恨みなさで置くべきか」と絶叫した後、絶命したと言います。ここには支配側への怨念を爆発させながらも、「己の主張の正当性に対する自信」と「己の行動の公共性への確信」が現れ出ています。

この正当性と公共性の倫理的内面化が農民たちに広く見られるのです。これゆえの役人に対する容赦ない攻撃です。百姓一揆は、この確信を妨げる支配者の「しくみ」に対する攻撃という性格をも持ちます。百姓一揆はその積み重ねのなか、「世直し」という体制変革へと向かう可能性を秘め持っていたと言えます。

農民の生活を守るべき支配者が逆に、それを破壊しようとする姿を見せつけられた時、「世直し」意識が生まれます。「世直し」＝体制変革とは、すなわち、支配者を取り換える「放伐論」です。百姓一揆も、「放伐論」の伝統を継いでいるのです。

「私たちは庶民の生活感に自信を持つべきだ」と前述しました。百姓一揆の人々は、まさに、そのような生き方をしていたと分かってきました。その子孫である私たちは、仕組みを変えて、健全な社会を追い求めた祖先の血を引いています。彼らから受け継いでいるであろう倫理を前面に出して、支配者に対峙する必要を感じます。もの言わぬことは承認していることになってしまいます。

私たちの倫理は、今の政治を受け入れられますか？　受け入れられないと思います。

●歴史の進歩とは何か、そして「世直しの倫理と論理」

ここまでは、市井三郎・布川清司共著『伝統的革新思想論』（平凡社）の紹介です。ここからは市井三郎著『歴史の進歩とはなにか』（岩波新書）です。「大きな歴史」の項で、「歴史の進歩とは何かを問い直す気運が高まった」と書きました。市井はこれへの答えを出しています。哲学書を読んで理解できた、という経験を持たぬ私でありますが、市井の著作は分かりやすいのです。とは言え、私の理解力を越えた内容もありますので、「分かった」と自信がある部分だけ要約させていただきます。

１８００年前後のイギリスで活躍したベンサムの功利主義の説明によく使われる「最大多数の最大幸福」に疑義があります。個人の最大幸福を求める自由を保障すると、他者の苦痛を結果としてもたらすという現象が起きるからです。個人レベルでは自由と平等とが矛盾しないことがあっても、社会レベルでは矛盾するのです。為政者のわがまま（自由）が百姓たちの苦痛になることを見てきたところです。

そこで、市井は「最大多数の最大幸福」ではなく「最大多数の最小苦」を社会倫理の目標にしたらどうかと提案しています。「個人の責任を問われる必要のないことから受ける苦痛を除

去する」を倫理的価値にします。同時に、苦痛除去の度合いが高いほど進歩しているのだと言うのです。

人は誕生する国、町、家族を選べません。だから、何に属するかは個人の責任ではありません。しかし、これらゆえに被る苦痛はとてつもなく大きく、今も続いています。「人間は平等だ」「人を手段ではなく目的として扱わねばならない」と言っても、これを適用する人間の範囲を限ることによって、これらの名言を空文化させてきたのです。

例えば、「奴隷は主人よりも劣っているから、市民権は必要ない」、これが「女性は」「黒人は」「小作人は」などにも向けられ、彼らに苦痛を与えてきました。これらをなくすことを歴史の進歩だと市井は言っています。市井の提案は百姓一揆の正当性だけでなく、世界中のどこの事例にも当てはまります。「責任がないことで受ける苦痛」の拒否に根拠を与

[市井三郎] 哲学者（1922〜1989年）。鶴見俊輔らが主催する思想の科学研究会に加わり、『思想の科学』編集長を務める。成蹊大学教授

えます。

しかし、この正当性だけでは歴史は動きません。歴史を振り返ると、人間の不条理な苦痛を撲滅する試みは、常に、創造的な苦闘を必要としています。だから、苦痛をなくすには自らが創造的苦痛を選び取り、その苦痛をわが身に引き寄せる覚悟をする人間の存在が不可欠になります。このような人物として、前述の百姓一揆指導者の佐倉惣五郎や横瀬平治などがいます。また、これと同じことを、小田実も著書『世直しの倫理と論理』（岩波新書）で述べています。また、興味深いことに、同書において市井の「自分の責任を問われる必要がないことで、受ける苦痛の度合いが少ないほど進歩している」を名言であるとほめています。

それはそれでよいのですが、私に言わせると、この『世直しの倫理と論理』こそ名言の宝庫なのです。上・下2冊からなる本書の気になるほんの一部をご紹介いたします。

２０１９年に刊行した拙著『語り継ぐ戦争と民主主義』（あけび書房）で、私は「支配される側が支配者のような発言をすることが不思議でしょうがない」と書きました。これと似たことを小田も述べています。私と違うのは、小田はその理由や仕組みについても細かく、深く広い考察をしていることです。

人の世は生産しなければ生き続けられません。生産は善でも悪でもなく必然です。そうすると、人々は、仕事の質を問われることになります。「しごと」の中でも「はたらき」で人間の価値を決めようとの風潮が強まります。「しくみ」に対する「はたらき」の度合いに応じて「しごと」の価値が決まり、人の価値も決まります。

このようにして、人間の選別が動き出すのです。「しくみ」とは組織のこと、具体的には会社・国家・役所のことです。人間選別の基準は、最終的には、国家の目的や権力者の目的遂行に役立ったかどうかになっていきます。「機械」が動き出します。生産の目的であったはずの人間が国家に役立てる手段になっていくのです。

[小田実] 体験記『何でも見てやろう』で、注目を集めたのち、精力的に文筆活動をする。「ベトナムに平和を市民連合」を鶴見俊輔、開高健らと結成。さらに、「九条の会」の呼びかけ人にも加わる（1932〜2007年）

冷戦時代、ポーランドに「結核は生産の障害になる」というポスターが貼り出された話をサルトルがしています。ここでは、結核流行の問題は生産の問題であり、人間の「いのち」の問題ではないのです。結核が人間をむしばむから問題なのではなく、生産の障害になるから問題なのです。「しくみ」の一員になることは、自分の一部ではなく全部を「しくみ」に所属させる、差し出すことを意味します。

居酒屋やデリバリーの経営者が、その絶頂期にインタビューに自慢げに答えているのをテレビで観たことがあります。曰く「長時間労働の改善を求めてきた従業員たちに私言ったんですよ。仕事が好きでないんだね。嫌いなら、好きな仕事に変わった方があなたのためですよ。仕事に使命感なく、生きがいにできない人は何をやっても駄目だと思うけどね」と。経営の論理を倫理にまでにしてしまう論理も倫理もないこの図々しさに、どう反論しますか。

長時間労働の改善を求めた従業員はこの会社のほんの一部でしょう。この会社では多くの従業員が経営者の論理を自分の倫理にするように強要されていたと推測されます。

しかし、この思考停止状態は安楽でも快適でもないことは明らかです。むしろ、自分の「にんげん」に向き合わずに無視して「自分を生きない」ストレスが心をむしばみます。一度思考停止して同化の姿勢を見せると経営側は次々とその論理を展開します。長時間が可能ならば、サービス残業も休日出勤、賃金カット、パワハラ、リストラも、わがまま放題です。この代表的な職場のひとつが学校です。教員はまじめな方が多いです。彼らの使命感を人質に厳しい労働を結果的に強要しています。これらは支配される側も「しくみの都合」を自分の内部で強化し、「人間の都合」を自ら放棄した結果なのです。

これと同じような境遇に追い込まれた江戸時代の百姓たちは「いのち」を守り、「尊厳」を取り戻すために一揆を起こしました。「しくみ」の論理と倫理から「にんげん」の論理と倫理を取り戻そうとしたのです。

では、今の私たちに何ができるのでしょうか。それぞれの生活の中で「不思議」に思うことに出くわしたならば私たちは何をどうしたらよいでしょうか。かつての一部の学生運動のような非日常的な運動はなじみませんし、目的を達成できないでしょう。ならば、日常の営みとつながった行動で「しくみ」に抗《あらが》うことになるでしょう。

小田がこのような行動を幾つも具体的に提案しています。

提案1：大卒、高卒、中卒の給与には差があります。大企業と中小、零細企業にも、男女の間にも差があります。これは「しくみの都合」が生み出したシステムであり、「人間の都合」のゆえではありません。「人間の都合」で決めるならば、4人家族の子どもは大学生と高校生で、最低月40万円が必要ならば、大企業勤務であっても中小企業勤務でも40万円が必要です。これが「人間の都合」です。そこで、A社、B社、C社から人々が受け取る給料をいったんみんなで集めて、これを平等に分けます。「馬鹿な提案するんじゃないよ」と言わずに、吟味してください。この提案を誰が笑い、誰が耳を傾けるか、どのような波紋を呼ぶのか呼ばないのか。動いてみれば分かります。

提案2：就職は学生にとって一大事です。労働組合が賃上げ闘争をしますが、組合員ではない新卒者の初任給には手を出しません。それならば就活生が「就職組合」を創って「就職共闘」を組み、初任給交渉をする。
提案3：大学と高校・専門学校の就職指導部を廃止する。企業が成績表を請求することを止めさせる。本来、成績は大学と学生の間にだけ必要なものであって、第三者が、まして企業が感知しないことです。就職あっせんは公共職業安定所がありますから、企業はそこに求人票を提出してあっせんを受ければよいのです。ハローワークは失業者にだけ職をあっせんする機関ではないはずです。大学もすすんで就職相談部を解散することです（私も高校教師として同じことを考えていました。いわゆる内申書が「生徒支配」の道具と化している実態を見るにつけそう思いました）。

小田は「しくみの都合」に埋没するのではなく、「人間の都合」を支配される側が意識的に主張することを提唱しています。では「人間の都合」とは何なのでしょうか。小田は、市井が言う「自分に責任がないことで結果を負わされることがない」ことと「自分のことは自分で決められる」ことだと言います。しかし、これを「しくみの都合」が拒むのです。「人間の都合」から物事を考えないと、日常のおかしなことに気付かないまま、自分をからめとられてしまいます。「オレオレ詐欺」は倫理欠乏症の人たちだけがしているのではありません。「しくみの都合」を第一に考える「お偉いさん」も常にだましを仕掛けてきます。

市井と呼び捨てにしていますが、私には彼を「先生」とお呼びした1年間があります。先生は哲学者で、科学史や科学思想史に造詣《ぞうけい》が深いと母校工学部教授に招聘《しょうへい》されたのです。文学部専門教養講座群の中に「伝統的革新思想論」があり、受講しました。

ある講義で、徐々に熱がこもってきた時です。「自分が述べてきたことのために、命を懸ける、そんな覚悟をしています」との言葉を発せられました。これには、全く軽薄さがなく、本心であり、ご自分で再確認する風もありました。「創造的苦痛を選び取り、その苦痛をわが身に引き寄せる覚悟をする人間」を自ら選び取っておられたのです。古武士、武将の風格を備えた方でした。

今、ウクライナ人がこの覚悟の中にいます。ゼレンスキー大統領、兵に志願する若者、家族を避難させ、自分はウクライナに戻る男たち、火炎瓶を作る女性、警察官や消防士、運転手、そして医療関係者。彼らは不条理な苦痛を断ち切るための覚悟をしています。彼らの必死の姿を見せられ、居ても立っても居られない気持ちです。それゆえのプーチン大統領への怒りも高まっています。

それと同時に己に問うてもいます。私は不条理に対して、彼らと同じように、命を懸ける覚悟ができるのか。覚悟できる自分でありたいと思いますが、確信できません。「自分は覚悟を決めた」と言っていた人が折れるかもしれませんし、「覚悟はできない」と言っていた人が、その時が来たら、命を懸ける行動に出てしまうかもしれません。その時にならないと自分がどのように身の振り方を決めるのか分からないでしょう。そんな気がします。ここで言えることは、他人が口をはさみ、圧力をかけてはいけないことです。

ここで、改めて記します。

今は尊厳の時代です。尊厳の時代の肝は市井三郎が言う「個人の責任を問われる必要がないことから受ける苦痛を除去する」ことだと確信しています。

今問題になっていることの多くは「個人の責任によらない苦痛」を伴う事件です。子どもの虐待＝親を選べない、過労死＝逆らえない状況を作っておいての経営者の虐待と政治の貧困、コロナ自宅死、冤罪《えんざい》事件、沖縄の基地問題、福島県民の避難生活、どれも個人に責任がない苦痛です。

苦痛を伴う事件を見聞きした時、どのように、自分と結びつけるかが、鋭く、問われる時が来たのではないでしょうか。

●日本国憲法は伝統的革新思想

ここで、日本国憲法前文の前半部分に目を向けたいと思います。

前半は、国民主権を宣言した後に、「そもそも国政は、国民の厳粛な信託によるものであって、その権威は国民に由来し、その権力は国民の代表者がこれを行使し、その福利は国民がこれを享受する」と記されています。改めて読んでみて、これと似た意味の文をこの本に書いたような気がしました。46ページの「大きな歴史」再興案の社会契約説の説明でした。「各人がその人権を国家に委ねる契約が権力を正当化するとの考えを、一般に、社会契約説と言います」。

安らかな生活を国民が委ね、政治が信託されることで権力が正当化される、この点で、憲法前文は社会契約説と一致しています。前文は社会契約説の説明になっています。つまり、憲法前文は社会契約説に基づいているのです。このことを今まで気付かなかったことに、我ながら驚きました。以上、憲法前文の前半は国民の生命と財産を守ることが権力の仕事だと言っているのです。

続けて、政治の仕事は「国民の生命と財産を守る」と同じことをこの本に書いた記憶に思い当たりました。「人民を水火に落とすことが御公役と言えるだろうか。役人は赤子を愛するように万民を愛するものだ」。前述した百姓の言葉です。林基《もとい》著『百姓一揆の伝統』から、言葉を加えます。江戸の打ちこわしが貼り出したビラに「貧窮のものを国内から一人もなくすこと、米並びに諸物価を引き下げること、右の通り改革して日本国を世界第一の善国と致し度し」と書かれていたそうです。百姓一揆も、政治の役目は「国民の生命と財産を守る」ことだと言っています。

これが社会の隅々までに浸透する、そんな世の中を求めて、百姓一揆は闘い続けました。この願いを実現しようとする意思とその情念の強さが歴史を創ったと思わされるほどの、百姓一揆の伝統です。江戸時代２８０９件、後期90年だけで１５９０件起きています。時代を動かすエネルギーがここに渦巻いていたのです。もう少し、百姓たちの言動を取り上げ、彼らの意識

10年ごとの百姓一揆件数

年　　代	件　数	1年平均
1590〜1600（天正・文禄・慶長）	34	3.4
1601〜1610（慶長）	35	3.5
1611〜1620（慶長・元和）	60	6.0
1621〜1630（元和・寛永）	45	4.5
1631〜1640（寛永）	38	3.8
1641〜1650（寛永・正保・慶安）	30	3.0
1651〜1660（慶安・承応・明暦・万治）	36	3.6
1661〜1670（寛文）	42	4.2
1671〜1680（寛文・延宝）	44	4.4
1681〜1690（天和・貞享・元禄）	46	4.6
1691〜1700（元禄）	40	4.0
1701〜1710（元禄・宝永）	55	5.5
1711〜1720（正徳・享保）	73	7.3
1721〜1730（享保）	70	7.0
1731〜1740（享保・元文）	86	8.6
1741〜1750（寛保・延享・寛延）	130	13.0
1751〜1760（宝暦）	116	11.6
1761〜1770（宝暦・明和）	108	10.8
1771〜1780（明和・安永）	78	7.8
1781〜1790（天明・寛政）	229	22.9
1791〜1800（寛政）	122	12.2
1801〜1810（享和・文化）	98	9.8
1811〜1820（文化・文政）	166	16.6
1821〜1830（文政・天保）	133	13.3
1831〜1840（天保）	279	27.9
1841〜1850（天保・弘化・嘉永）	129	12.9
1851〜1860（嘉永・安政・万延）	170	17.0
1861〜1867（文久・元治・慶応）	194	27.7

江戸時代の百姓一揆の件数は2809件、都市の打ちこわしは341件、村方騒動は654件、合計3804件に達した（この表は青木虹二氏による）

や認識、つまり思想を推し量ってみたいと思います。

商品経済が全国的に浸透した江戸中期の全藩一揆の代表的な例として1754年の久留米藩大一揆があります。猪鹿を退治するためにと藩の鉄砲や槍をすべて貸し出させたうえで、一揆を起こしたと言われます。藩はどうすることもできずに、全要求をのんだという一揆です（推計参加数4万人）。もし、これが本当とすれば、農民は藩の権威をものともせずに手玉に取ったことになります。お上を恐れぬ所業です。

1761年には、上田藩で大一揆が起きました。城内に乱入し要求を突きつけます。まず、地方役人《じかたやくにん》に理不尽な行為が多かったから自分たちが直接裁くので、引き渡すよう要求。農民人足を家臣が使わないこと、庄屋の任期を5年にするなどを求めています。この後、反農民的行為により私欲を満たした庄屋や魚問屋などの打ちこわしを行っています。

さらに、農民たちの言葉を加えます。1686年の松本藩「嘉助騒動」では、金納を米納にせよとの命令に対して指導者嘉助は「これほど大切なことを百姓に聞かぬとは何事か」と迫っています。1836年の三河国加茂一揆では取り囲んだ酒屋に向かって、「お前らよく聞け、米を買い占め、貧乏人の難渋をも顧みず、酒となして高値で売り、金銭をかすめ取る罪を逃れられず世直し神々来て罰を当て給う。観念せよ」と。

特筆すべき打ちこわし騒動があります!!　1768年、新潟「市民」が御用金の重課と米価

の急騰による下層市民の窮乏を原因に起こしました。奉行所の部隊が発砲しましたが、それに怯《ひる》むことなく反撃して、官憲を逃亡させます。結果、一揆指導部は、指導者涌井藤四郎の印が押された配給券を配布し、困窮市民に対する米の廉売を始めたのです。また、二分という低利の質屋を開設し、民衆の金融をはかりました。鎮圧部隊が新潟港に着きましたが、荷揚げ作業には涌井の指令で、誰も出ません。蜂起から2か月間、一揆が藩権力の空白を作り上げ、市政を握り、世直しをしたのです。（「他人の苦難を見聞きした時、自分と結びつけることが問われる」と前述しました。自分と結びつけた人々の生きざまをこの打ちこわしに見出します）

19世紀に入ると、全国を一つの市場とする商品経済の成立によって、一領主一藩への要求にはならず、幕府、すなわち、幕藩体制そのものに要求が突きつけられます。１８２３年の、農民生産を抑制していた「菜種・綿花流通規制」に反対する、経済的先進地域である摂津・河内・和泉の１０００以上の村が結集した国訴はこの代表的な例です。

この後も、１８３７年の天命による世直しを掲げた大塩平八郎の乱など、幕府を震撼させる事件が続発。そのなかでペリーが来航し、幕末の動乱を志士たちが駆け巡るわけです。と同時に、百姓の闘いも進行していきます。

ここで、「伝統的革新思想とは」の項で取り上げたことも含めて、百姓の主張から観える「百姓一揆の思想」を箇条書きにしてまとめます。

①人に貴賤の差はなく、百姓の生命も武士の生命同様に尊重されるべきだ。

②百姓の生活が成り立つように誠意を尽くすことが為政者の仕事である。
③領主の勝手で課税できるものではない。百姓に相談するのが道理だ。
④社会の根本を支えているのは百姓である。我々の農工におよぶ生産活動が社会を動かしている。
⑤自分たちの主張は公共の利益のためになされており、ゆえに、正当性を持つ。
⑥他者を苦しめる行為をなす者は罰されねばならない。
⑦民生の安定と正義を実践できない為政者は糾弾され、その地位を奪われて当然だ（放伐論）。

と、まとめられると思います。さらにこれ以降の百姓一揆の動きを見ます。

慶応4（1868）年の関東一円の農民が起こした「大打ちこわし」は徳川幕藩体制に大打撃を与え、倒幕に大きな役割を演じました。官軍が年貢半減を約束して、幕府との違いを見せねばならなかったほど勢力は大きかったのです。さらに、明治元年、この約束を反故《ほご》にした新政府に対する群馬の大一揆。明治5年には、徴兵を重税と同じと見抜いた各地の血税一揆、明治9年、地価の3％の税を2・5％に引き下げさせた闘争などなど、明治になっても、百姓一揆は引き続き絶え間がなかったのです。

明治14（1881）年から始まった財政再建のために採られたデフレ政策による庶民の窮状は、歴史の授業であまり語られませんが、飢饉に相当する事態であったのです。それを板垣退助に語ってもらいましょう。「罪人充満し常備兵員の倍もいる（生活苦から犯罪が多発）。良民離散して荒村廃屋多く遂には納税を拒む者が多く、一郡こぞって農地が公売に付される。しかるに、官吏は納税の督促に走り、国庫充実させるために努力している。民は税吏を虎豹《こひょう》（極悪なものの意）の如く、警官を夜叉《やしゃ》（極悪の鬼神）の如く恨みの目で見ている」。

　このようななか、秩父事件や加波山《かばさん》事件が起きます。明治17（1884）年8月2日、八王子で、加波山事件の指導者富松正安と秩父事件の西郷旭堂、太田次郎が盟約を結んでいます。それに曰く、「我等革命の軍を起し、自由の公敵である専制政府を転覆し、完全なる自由政府を樹立し、国家の幸福を招くことを望む。我らはこの大義を天に任せて同盟する」。富松は言っています。「われわれは明治政府が何者なのかを知った。政府は圧制を敷き、公道を忘れ、私利を求め人民の苦を顧みない。これ政府衰退する自然の流れである。欧米の革命を観察して、我らは少数であるが率先して行動を起こした」。これは革命宣言です。つまり、百姓一揆の中にあった世直しへの願望が実行の段階に登り詰めたのです。百姓一揆の伝統がたどり着いたのは「世直し」の、つまり「放伐論」の実行でした。しかし、それゆえに、軍隊によって徹底的に弾圧されたのです。この後、反政府一揆は姿を消します。

　ここまで、長々と百姓一揆を語らせていただきました。明治に入ってから起きた一揆は事件とも呼ばれますが、200年以上の百姓一揆の伝統が引き起こした運動だと思います。「歴史の進歩とは何か」の項で、「不条理な苦痛を撲滅する試みは常に創造的な苦闘を必要とする」と申し上げました。この創造的な苦闘を自ら選んだ偉人が次々と現れ出た百姓一揆の伝統です。苦難を強いられた無数の人たちの、意志の激しさと尊さを想います。そして、生き死んでいった祖先たちの無念を悲しみます。

と同時に、これほどの犠牲を払い、打たれても、打たれても続いた百姓一揆の伝統が絶えてしまった不思議を思うのです。沸騰していた薬缶《やかん》の湯が突然鎮《しず》まり冷えてしまう驚きです。突然、停電したかのように、百姓一揆の灯が消える不思議に戸惑う自分がいます。

その思いが一つの夢想へと導きます。それは、表面的には断絶したと見える百姓一揆が、実は、脈々と続いているのではないかとの推論です。百姓一揆は、国家神道＝天皇制国家によって地下に押し沈められましたが、その情念や精神は息絶えてはいなかったのではないかという想像です。それが1945年の敗戦で日本国憲法の姿で浮かび上がった。百姓一揆の伝統という伏流水が日本国憲法となって噴出した。何十年もの間、地下に留まっていた地下水が地上に現れ出る清々《すがすが》しさを我が憲法に重ねてしまいます。伏流水の美しさは、眠らされていた百姓一揆の伝統の目覚めの輝きです。一方、地下に潜伏させた権力の執念を嫌悪します。そして、この「**常軌を逸した異常さ**」を不気味に感じるのです。

「百姓一揆の伝統が日本国憲法を生んだって言うのかい。理解に苦しむね」との声が聞こえてきそうです。それにお応えすれば、以下のようになります。

まずは、①日本国憲法前文は、すでに申し上げましたように、国民の生命と財産を守ることが政府の仕事であると述べています。これは百姓一揆が領主に求め続けた要求です。②恐怖と欠乏から免れることは、百姓一揆の根底にある願いでした。日本国憲法前文はこの権利を「確認する」と高らかに宣言しています。「欠乏」に関して言えば、具体化が第25条「すべて国民は健康で文化的な最低限度の生活を営む権利を有する」であり、「恐怖」に関しては31条から40条までの国家による身柄の拘束や拷問、残虐刑の禁止などがあります。そして、九条は恐怖と欠乏から国民を遠ざけるエースです。③百姓は、領主が勝手に増税や新しい税を課す横暴とも闘いました。これに対しては第29条「財産権はこれを侵してはならない」があります。イギリス王による勝手な課税への怒りが発端で、世界初の憲法であるマグナ＝カルタ（1215年）が創られました。④第14条「法の下の平等」、貴族の禁止（特権禁止）、細かに分かれた身分制による差別、分けることで生まれる被支配者間の対立を煽《あお》ることは支配者の常とう手段でした。世襲制の弊害で無能な代官などの役人に苦しめられました。⑤一揆は組織することが大変でした。決起して要求が通ると一揆を解散、すると約束の反故や指導者の処刑・処罰が待っていました。要求を直訴することがそもそも、罪でした。これに対しては、第16条「請願権」、第28条「勤労者の団結する権利及び団体交渉その他の団体行動をする権利は、これを保障する」が設けられています。労働組合結成は「百姓一揆の常態化」を意味します。

このように見てくると、憲法記念日は百姓一揆の勝利の日でもあると思えてきます。日本国憲法は百姓たちの願いを詰め込んだ宝箱です。百姓一揆の伝統の到達点が日本国憲法だと思えてきませんか。もちろん、これは歴史研究の成果ではありません。しかし、百姓一揆の精神が日本国憲法との親和性を有しているとの見解は、そう大きな間違いではないでしょう。**日本国憲法は百姓一揆の伝統とその思想の蘇《よみがえ》りです。日本国憲法は、前述した「伝統的革新思想」なのです。「憲法押し付け論」の軽々しさを思います。**

●天皇象徴制は日本国憲法の創造か?

① 日本国憲法の天皇象徴制

「天皇は、日本国の象徴であり日本国民統合の象徴であって、この地位は、主権の存する日本国民の総意に基づく」。日本国憲法第1条です。**九条とは違い、誰が言い出したのかとの論議は、なぜか、あまり聞きません。**

当初、極東委員会内部には異論もあったようですが、GHQ(連合国〔軍〕最高司令部)は、天皇制の存続は日本統治を円滑にするために必要であり、むしろ、利用するべきだとの認識に至ります。日本側はもちろん、存続を求めました。ここに天皇制の存続は決まるのです。問題はその地位です。

小学生の時に、「日本国の象徴であり日本国民統合の象徴」と聞いても、象徴の意味をつかめませんでした。実は、未だに、分かっているようで解ってない言葉です。広辞苑によると「ある別のものを指示する目印・記号。本来かかわりのない二つのものを何かの類似性をもとに関連付ける作用」となります。大人でもすぐには呑み込めない説明です。私は教師時代、生徒たちに「目に見えないものを目に見えるものに置き換えて表すことと、表されたもの」と仕方なく説明していましたが、正確ではないでしょう。この言葉の難解さがかえって良かったのでしょう、天皇制を存続させる魔法の言葉として「象徴」は受け入れられたのです。

天皇象徴制は新時代を形作るための創作と受け止められました。現人神《あらひとがみ》と最高権力者の地位を天皇から奪いましたが、新たに、象徴として迎え入れます。これはなかなかの知恵ではないかと、ずーと、そう思ってきましたが、今はこの時になされた「創造」ではなく、以前からあったと考えています。これを説明するには「天皇象徴制」ではなかった時代から話を起こさねばなりません。

② 律令制国家と天皇象徴制の始まり

明治から戦前まで続いた天皇制国家の絶対的支配を知る私たちにとって、信じられないことが古代飛鳥で起きています。592年の蘇我馬子《そがのうまこ》による崇峻《すしゅん》天皇暗殺、643年の蘇我入鹿《そがのいるか》による聖徳太子の子である山背大兄王《やましろのおおえのおう》（次期天皇候補筆頭）一族の抹殺です。このことは当時、天

［聖徳太子］太子の右側が山背大兄王と伝わる。山背大兄王：出生不明、643年12月30日死去。皇位を巡る複雑な抗争の犠牲者。天皇の子は皇子、王とは天皇になった人物の孫以下を呼ぶ場合に使われた。ちなみに、律令制下では天皇男子の子は親王、女子は内親王と呼ばれた。孫以下は同じく王

皇家が絶対的権力の座になかったことを示します。大和政権は有力豪族による連合政権であり、天皇の地位は他の豪族が取って代わることもあり得る危なげな相対的地位であったわけです。

この状況を変えるべく起こされたのが中大兄皇子《なかのおおえのおうじ》と中臣鎌足《なかとみのかまたり》による645年の乙巳《いっし》の変です。これ以降始まる大化の改新の目標は、天皇による中央集権国家の構築でした。さらに663年、白村江《はくそんこう》の戦いで唐・新羅《しらぎ》連合軍に大敗した後は、侵略の脅威も加わり、上の目標は使命に格上げされたのです。

白村江の戦いに敗れた中大兄皇子は筑紫に水城を築き、大野城、長門城、高安城などの朝鮮式の山城も造り、防衛に努めました。その後、即位して、天智天皇となり豪族再編成や近江令の編纂、最初の全国的な戸籍である庚午年籍《こうごねんじゃく》を作成するのです。

天智天皇の死後、その子の大友皇子《おおとものおうじ》を壬申《じんしん》の乱で倒した大海人皇子《おおあまのおうじ》が天武天皇となり、壬申の乱で大友側に付いた旧勢力の排除に成功し、権力を強めるのでした。「政《まつりごと》の要《かなめ》は軍事なり」とした天武天皇は武装化した軍事体制の下、自身の皇子たちや諸王を権力の中枢に据え、皇親政治を展開して律令体制へと邁進します。

と同時に、国史の編纂に強い指導力を発揮し、これを推し進めました。それまで自身の下で行ってきた小規模な私的歴史書編纂ではなく、大規模な国家プロジェクトとして国史を作ろうとしたのです。聖徳太子の時代に編纂された『国史』などの成果を組み入れて、前者は後に『古事記』となり、後者は『日本書紀』となります。合わせて『記紀』と呼びます。

皇室系図

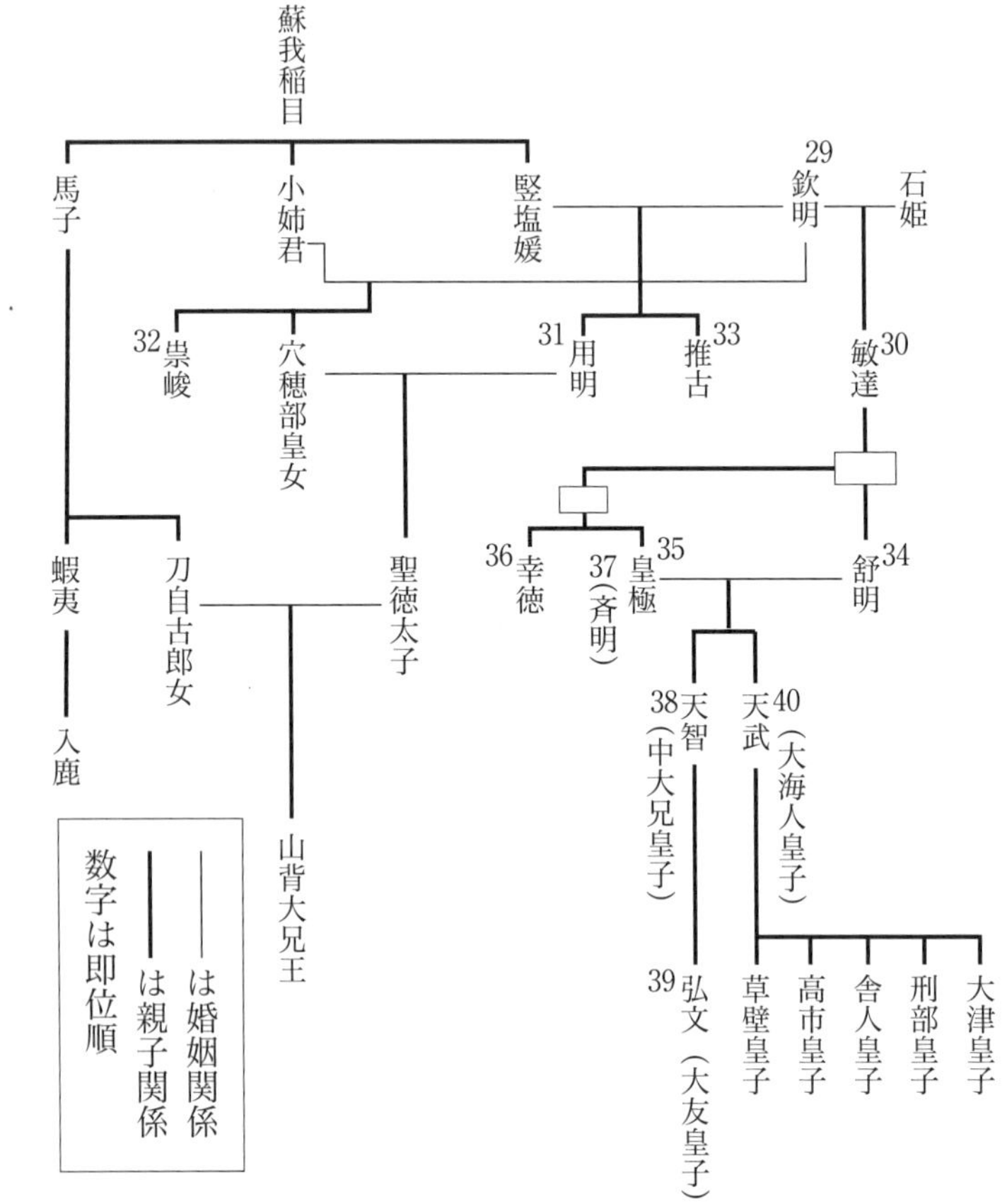

天皇家と蘇我氏の婚姻関係は複雑であった。これが朝廷内抗争の複雑さの原因でもある。図にはないが41代持統天皇は天智天皇の皇女で、天武天皇の后。草壁皇子は天武天皇と持統天皇の皇子。

この編纂目的は、国内外の危機を克服するための天皇の絶対的権力の確立です。天皇が絶対的権力の座にあるのは歴史的必然であり、正当であることを裏付けるための国史編纂であったのです。特に、『古事記』はそうですが、これは伝承という名の創作された物語集なのです。神々の事を語っているのですから神話です。天皇権力を絶対化するために、天孫降臨《てんそんこうりん》や、その際、皇孫に中津国（日本）の統治を命じる神託があったという物語が必要だったのです。

そこで、神話に手を加えて、創作する必要が出てきます。『記紀』が述べる神話は、日本神話の世界の広大さに比べると、些細なものです。『風土記』や『新撰姓氏録《しんせんしょうじろく》』『古語拾遺《こごしゅうい》』などに見られる日本神話の世界は広大です。神話は民衆の生活に生きていたものですから、時代や場所の違いに従い変化するものです。しかし、『記紀』は、天つ神による国土の創生、国土の平定、国土への降臨という一貫した道筋に揺らぎがありません。これは権力者の意図が加わった結果と言わざるを得ません。意図的に、取捨選択して創り上げられた神話によって、天皇権力を不動なものにして、中央集権国家を創ろうとしたのです。

この国家に、目を向けるべきことがあります。この国家は天皇の絶対的権力下に、貴族（中央豪族）や地方豪族を官僚に任命しました。つまり、これまでの支配階級を官僚に転化して、人民を同一の法と機構によって支配しようとしたわけです。しかし、地方豪族が任命された国衙《こくが》（地方諸国の役所である国府のこと。中央から派遣される貴族が勤める国司の役所）の下級役人や郡司には任期がなく、長期間その任にありました。ですから、官僚でありながら、旧来からの人民支配をも根強く維持したのです。
豪族の上に天皇が存在することさえ知らない多くの庶民がいたと思われます。天皇が、直接、人民を支配したとは言いにくい状態がありました。このような現実があるなか、公地公民制による人民の直接支配を目指す中央集権国家＝律令制国家は、どれほどの実を持ち、いつまで続いたのでしょうか。逆に言えば、いつ、「天皇象徴制」は現れたのでしょうか。

律令制の核を成す公地公民制の原則は、701年の大宝律令《たいほうりつりょう》で正式に示されましたが、早くも、743年墾田永年私財法によって、崩壊が始まります。そして、班田が規定通りに実施されない時が続くなか、902年の班田が最後になりました。公地公民制の終焉です。さらに、一定の官物を朝廷に納めることを条件に、国司に任国支配の全権を認めるようになります。これは公地である国衙領《こくがりょう》の、国司による「荘園化」に他なりません。荘園とは国に納める租税を免除される不輸《ふゆ》の権や、権力が荘園に入ることを拒める不入《ふにゅう》の権を持つ貴族寺社の私有地です。貴族や寺社による荘園支配と、国司による国衙領の「荘園化」は、公権力である天皇＝朝廷が直接の支配対象を失ったに等しい事態です。

院政は、このようななか、天皇家が荘園を獲得するための私的権力として現れ出ます。天皇家は他の貴族や寺社と同じ権門の一つに成り下がってしまったのです。公権力が希薄になったことは否めません。院政は貴族寺社を従えて、全国を支配する中央集権的権力ではないのです。

荘園の出現から始まる律令制国家の衰退が、摂関政治（全盛期は11世紀初期）を生み、院政の開始（1086年）により、律令制国家はその実質を失いました。ゆえに、現在はこの時代を「王朝国家の時代」と呼んでいます。この時代は、天皇の母方の実家である藤原氏が天皇の権威を利用して、摂関政治を行いました。上皇が前天皇の地位を利用して政治を行ったのが院政です。私は、**ここに「天皇象徴制」の原型を見ます。これは今の天皇象徴制と似ていませんか。天皇の権威を国家統合の根拠にしていながら、天皇は政治の第一線にはいないのです。**しかも、これは平氏政権、鎌倉幕府、室町幕府、江戸幕府と続きます。最も上手く天皇象徴制を政権に組み入れた例として、江戸幕府の全国統合体制を見てみたいと思います。

（補足）源頼朝が壇ノ浦の戦いで、安徳天皇よりも三種の神器の「救出」にこだわり、失敗した義経に怒りを見せたと言われます。天皇の正当性を三種の神器が示し、鎌倉幕府の権力の正当性を天皇が裏付ける。三種の神器の象徴性もさることながら、天皇の象徴性をも物語るエピソードです。

③ 江戸幕府に見る天皇象徴制

徐々に、政治的、経済的な力を失ってきた天皇家は、応仁の乱（1467〜77年）以降、権力者としての基盤を失いました。つまり、天皇家の伝統的権威を必要とした室町幕府の統治能力の衰退とともに、運命を共にしたわけです。その天皇家に対して、大名に領地を与えたように、徳川幕府は禁裏御料《きんりごりょう》（天皇家に支配権はなく、幕府が施政）を与えました。これにより、天皇の伝統的権威を幕藩体制に組み込んだのです。

そのうえで、天皇公家には「禁中《きんちゅう》並びに公家諸法度《くげしょはっと》」、大名には「武家諸法度」、寺社には「諸宗寺院法度」「諸社禰宜神主法度《しょしゃねぎかんぬしはっと》」、百姓には「慶安の御触書《おふれがき》」を与えました。もちろん、これに加え、大名・公家の序列化や身分制の確立、行政制度の整備、寺請制度などの諸政策を実施し、全国統治の徹底を図ったのです。

「禁中並びに公家諸法度」1条は「天子は諸芸能のこと、第一は御学問なり」。天皇は学問を修めなさいと定めています。現在の天皇も権力の行使はできませんし、公務のほかには学問研究をしています。江戸時代の天皇と同じように見えませんか。

幕府支配の正当性の根拠は天皇の伝統的権威であり、天皇から政治を委任されたという形式です。江戸幕府は統合の象徴としての天皇を内包しながら、各制度の整備をし、浸透させることで、幕藩体制を目に見えるよう具現化したのです。

④ 象徴天皇制は日本の伝統に属する

こう見てくると、一つの新しい歴史が浮かび上がってきます。それは「律令制国家が機能していた時代」と「天皇制国家の時代」（明治から戦前）を除いて、**天皇は「日本統合の象徴」と呼んでいい状態であり続けていたという気付きです。日本国憲法から天皇象徴制が始まったの**

ではなく、「天皇象徴制」は日本の伝統であるという歴史の変更です。以上のように考えを進めれば、象徴天皇制は明治から戦前の「天皇制国家」を挟んで、戦後に復活したことになります。ＧＨＱが天皇の伝統的権威を利用して、日本を支配するために天皇象徴制を採用したことは、たまたま、ではないのかもしれません。

ＧＨＱは真似をしたのではないのでしょう。しかし、結果として、鎌倉、室町、江戸幕府と同じ選択に導かれています。創造したかのように見えますが、本当は、「天皇象徴制」はＧＨＱの発明ではなく、発見だったのです。前々からあったのだから、「天皇象徴制」を誰が言い出したのかが関心にのぼることがないのです。

（注）ここで、筆者が教師であった時に生徒から受けた質問をご紹介します。それは「江戸幕府は全国支配をした中央集権的国家ではないのか」という良い質問です。江戸幕府の全国統一の意味は、全国の大名を軍事力で屈服させ、家臣に組み入れたということです。ですから、将軍は、徳川家に従うことを大名に誓わせたうえで、領地を与えました。この場合、大名は領国と領民の支配権＝領主権を持っているのです。徳川家も、４００万石の天領と３００万石の旗本領を持つ領主です。大名領の奪取はできますが、領地支配権は各地の大名が持っていたのです。ですから、幕藩体制は地方分権であり、中央集権ではありません。一方、明治4年の廃藩置県は「地方分権」から「中央集権」への移行です。

●神道の本流と神道思想

①神道という宗教

神道は、世界の三大宗教と呼ばれる仏教・キリスト教・イスラム教と比較すると異形の宗教です。第一に、釈迦・イエス・ムハンマドにあたる創始者がいません。第二に、ゆえに、創始者の言葉を集めた教典がないのです。さらに、日本人の大多数が神社に参拝するのですが、調査によると、神道信者と自認している人は1％程度です。自らの意志による選択的入信をせずに、神道を受け入れているのです。世界基準からすると、神道は宗教の部類に入りません。

しかし、私たちは神を信頼して、祈りを捧げてきたのですから、宗教に違いありません。そこで、神社で共通して行われていることに注目して、どんな宗教なのかを考えてみたいと思います。

禊《みそぎ》と祓《はら》いは神道の儀式に欠かせません。禊は水で汚れや穢《けが》れを取り除き、心身を清めます。祓いも穢れを払うために行います。では、穢れとは何でしょうか。穢れは「気枯れ」から転じたとされ、「気」は人間の生きる気力と体力を意味すると考えられています。これによれば、気力体力が衰退することがキカレ＝ケガレです。ケガレの行きつく先は死です。確かに、私たちが死をケガレとしていることは、葬式から帰ると塩で清めてから家に入ることから分かります。つまり、禊は川・海・井戸などに宿る神の霊力によってケガレ（気枯れ）を除き、生命力を回復させる神事なのです。ここに神道の神髄をみる思いがします。神道は生命を慈《いつく》しみ尊ぶ宗教なのです。

では、神道はいつ頃から始まったのでしょうか。この問いを解く鍵は神に捧げられる供物にあります。欠かせないのは「米」「餅」「酒」です。これは稲作の開始が神道成立とかかわりがあることを教えてくれます。祭りの代表例は、豊作を祈る祈年祭と収穫を感謝する新嘗祭《にいなめさい》です。これが村落共同体によって、二千数百年続けられています。米の作柄は村落の存亡にかかわりました。ですから、共同体構成員はこの祭りに参加して、神に豊作を祈り、収穫を感謝するのです。祭りに異を唱える者などいるわけがないのです。生産活動と信仰は一体であり、呼吸する如く神道とともに生活するのです。これが信仰を選び取る入信者が稀なのに、神道が成立する理由です。

さらに問います。各村落の神社に祭られている神は何者なのでしょうか。それは、「産土《うぶすな》の神」と呼ばれます。この神は自分が生まれた土地を守護する神の意です。稲作開始後、共同体が作られ、五穀豊穣を祈願するための神が意識されだします。これが産土の神です。天照大神《あまてらすおおみかみ》とか大黒様とか菅原道真《みちざね》など名ある神ではありません。加えて、この神は、個人の悩みの解消や魂の救済をする神ではなく、ましてや、懺悔《ざんげ》を受ける神ではなく、共同体の繁栄と安全を託し、信頼する神なのです。この信頼に耐え得る産土の神が何かといえば、その筆頭は祖先の霊魂でありましょう。

水稲耕作に勤《いそ》しんできた祖先たちが、この宇宙の万物の偉大さを感じ取り、それに感応してきた神道の伝統です。神道では山川草木すべてに神が宿ります。日本に伝来して以降、仏教は、神を受け入れたのでしょう、「山川草木悉皆成仏《さんせんそうもくしっかいじょうぶつ》」という成仏のあり方を示します。これは山川草木皆ことごとく仏になるという意味です。ですから、「山川草木、すべてが神であり仏である」という理解です。クリスチャンで作家の遠藤周作が『深い河』の主人公に「神とは人間の外にあって、仰ぎ見るものではないと思います。神は人間の中にあって、しかも人間を包み、樹を包み、草花をも包む、あの大きな命です」と語らせています。前者は仏教と神道が融けあった姿であり、後者は神道的神観によるキリスト教理解です。

宇宙を創造し、自然を生成する力ゆえに、畏怖や畏敬の対象である神は、同時に、その大きな命により我々を生かし、守ってくれる同伴者なのです。こうして観てくると、**神道は生命を愛《いと》おしみ、楽しみ、寿《ことほ》ぐ神を信頼する宗教と言えそうです。その神は自然物や自然現象すべてに宿る八百万《やおよろず》の神であり、田畑を開発し、これを自分たちに残してくれた祖先の霊＝産土の神なのです。これが神道の本流であり、原風景です。**

② 精神世界の体系化（組み立て）

思想や哲学の本には「体系化」という言葉をよく見かけます。正直、分かるようで解らない、悩ましい言葉です（にもかかわらず、使用したことを心苦しく思いますが…）。

次は、これ以上に分かりにくい話になります。神仏習合《しんぶつしゅうごう》です。これは神道信仰と仏教信仰の融合を言います。個人が神と仏両方を信じても、内心の混乱をきたさないなら神仏習合状態と言ったらいいでしょうか。聖徳太子の父、用明天皇の「仏法を信《う》けたまひて神道を尊びたまった」との記録が、これにあたるでしょうか。

ならば、用明天皇の在位は５８６年から５８８年ですから、この頃から、神仏習合の兆しがあったことになります。仏教公伝《こうでん》の５３８年から50年後のことです。このような神仏習合現象が現れれば現れるほどに、神仏習合に理屈付けが必要になります。これが本地垂迹説《ほんじすいじゃくせつ》です。

これは仏を本地、神を垂迹《すいじゃく》とする考え方です。垂迹とは仏が衆生《しゅじょう》(すべての命あるものの意)を救済するために神になって現れ出ることです。この説はインドで生まれました。仏がインドの神々に垂迹し、中国では老子や孔子に菩薩たちが垂迹したとされました。日本では天照大神の本地は大日如来、宇佐八幡神は阿弥陀仏、熊野神は薬師如来です。

天台宗と一体の神道である山王神道は、釈迦が山王神に垂迹したとし、その目的を、衆生を救い、仏法を守るためだと主張します。両部神道は空海が唱えた真言密教と神道の習合思想です。空海はその書『中臣祓訓解《なかとみのはらえくげ》』で、「中臣祓《なかとみのはらえ》は救済法であり、祓は苦しみから逃れ幸福を与える神秘の呪術である。これは神のみならず、仏の教えでもある」と説いています。これ以後も、鎌倉時代の渡会神道《わたらいしんとう》（伊勢神道）、室町時代の吉田神道も、民族宗教としての骨子を残しながらも、神仏習合思想を基調とする精神文化を組み立てました。

このように、神仏習合思想は定着していき、日本の精神文化の伝統になります。これによって、神道と仏教の対立や信仰の混乱を回避することができたのです。しかも、仏教が主で神道は従でした。仏を本地とする本地垂迹説ゆえの、当然の結果です。これは、江戸幕府が寺請制度＝檀家制度によって仏教を統制し、人民を掌握しようとしたことに表れ出ています。この制度により、仏教は、事実上の国教になったのです。その証拠に、明治政府が神道国教化のために、寺請制度から神社氏子制度に切り替えようとしましたが、見事に失敗しています。

ここで、後の神道思想に影響を与えた伊勢神道（渡会神道）の根本について触れたいと思います。伊勢神道の『神道五部書』の訓戒などの中に、この神道の内実と思われる記述があります。「神の恵みは神への祈りが大事であり、神のご加護を得るためには、正直な生き方をせよ。神から与えられた本性（つまり神性）を尊重することが、人間の道として大切である」。この原文は「人は乃ち天下の神物なり、心神を傷しむことなかれ」です。この、人間が神性を有しているとの思想は、後に引き継がれていきます。

伊勢神道も人間を肯定する、命を愛《め》でる神の道なのです。「産土の神信仰」の流れの上に伊勢神道があります。これからも、神道の本流が分厚い「産土の神信仰」にあるのだと読み取ることができます。命を愛でる渡会神道と、国家のために死ねという国家神道、両者の間には明らかな断絶があります（129ページ参照）。

お気づきだと思いますが、「人はすなわち天下の神物なり」は北畠親房《きたばたけちかふさ》も述べています（「伝統的革新思想とは」の項参照）。実は、彼は伊勢神道を大成した渡会家行《わたらいいえゆき》と同時代人であり、その影響を強く受けた人物なのです。親房ならば、武烈天皇・陽成《ようぜい》天皇に加えて、国家神道＝天皇制国家にも「放伐論」を適用するのではないでしょうか。

③ 国学＝神道の学問化

江戸時代も元禄期になると、国文学の研究が始まります。この研究は古語で書かれた文学を正しく読み解くことに重点を置く実証的な方法で行われました。**国学は仏教儒教が伝わる前の古代人の心や精神がどうだったのかという興味関心に導かれ、これを明らかにする学問として生まれます。**その成果が僧契沖《けいちゅう》の『万葉代匠記《まんようだいしょうき》』であり、北村季吟《きぎん》の『源氏物語』の注釈書『湖月抄《こげつしょう》』です。さらに、荷田春満《かだのあずままろ》や賀茂真淵《かものまぶち》によって、古語の研究がなされ、実証的文献学は進展していきました。

これら先人の努力の上に本居宣長《もとおりのりなが》の『古事記伝』が完成します。これは『古事記』を初めて正しく読み解いた著作と言われます。天照大神が皇孫に対して日本の統治を命じた神勅によって、皇孫である天皇が日本統治をすることが決まっている。天照大神の御心のまま、子孫である天皇が日本を統治するあり方が神道になる。宣長は、『古事記』にはこのように書かれていることを明らかにしました。そして、この読み解きは正しいのです。なぜなら、『古事記』は「日本は天皇が統治する国」でなければならない、天皇が絶対的権力を持つ必要がある時代に書かれたからです。**『古事記伝』は実証的な学究論文＝学説なのです。**

ではありますが、本居宣長は熱心な神道信者でもあったと言われています。だから、『古事記伝』に書かれている神話研究は、学説と同時に、彼の信仰の対象にもなったのです。神道信者ゆえに、今までの神道から一歩踏み出しています。

第一に、『日本書紀』の全体からするとほんの一部に過ぎないのですが、前述の神勅を強調し、神代以来の言葉だとして、天皇支配の根拠を示します。

第二に、仏教儒教伝来以前の、日本固有の精神世界を求めるあまり、仏儒排除の姿勢を持つにいたります。

しかし、宣長は宗教を創設したわけではありませんし、ましてや、神勅に従い天皇政権を創るなど考えもしなかったのです。彼は幕藩体制を肯定しています。『古事記伝』は宗教書でもなく、イデオロギーの表明書でもありません。

ところが、宣長の弟子を自認する平田篤胤《あつたね》は実証的古典研究の枠を踏み外します。彼は自分の研究成果を、未熟ながらも、復古神道という宗教に体系化しようとし、仏教・儒教を激しく排撃しました。世界の中心が神国＝日本であるという皇国優越論までも展開します。篤胤が言う「復古」とは仏教や儒教が伝わる前に帰るとの意です。ですから、伝統化していた神仏習合を否定するのです。

このように彼を動かしたのは、来航する外国船の脅威への対応、あるいは対抗だと思われます。イデオロギー性を帯びた彼の主張は、危機意識を高めた下級武士や豪農らの共感を呼び、影響を与えます。国学の異端である復古神道が倒幕政争中、指導的イデオロギーとなり得たのは宗教的復古主義と尊王論が中央集権的王政復古実現に導くと考えられたからです。外圧による思想上の変異の始まりです。

（注）「イデオロギー」、これも難しい言葉です。様々な訳語が作られましたが断念され、「イデオロギー」のまま使うことになりました。この言葉の難解さを窺わせるエピソードです。確かに、哲学辞典や社会学辞典の説明は、ほとんど意味不明です。分かったのは、広義には「マルクスが言う上部構造の全部をさす」ということだけです。そこで、勝手に、次のように理解しています。

［平田篤胤］（1776～1843年）。出羽国久保田（現秋田市）藩出身。国学者、神道家、思想家、医者

イデオロギーとは、①国家社会を形作るすべての理念と、それらを組み立てた構造＝仕組み、②国家社会理念と、その実在を妨げる対立矛盾を克服する実践行動との合体。

●変異としての国家神道

① 教派神道

次々と、新宗教が現れ出た鎌倉時代に劣らないほどの「宗教創成」があったにもかかわらず、江戸末期から明治にかけての宗教創始を教科書は熱く語りません。

黒住教《くろずみきょう》　開教　1814年
天理教　開教　1838年
金光教《こんこうきょう》　開教　1859年
丸山教　開教　1870年
大本《おおもと》(教)　開教　1892年

以上、主なものだけです。他を含めて、ほとんどが神道系です。

これらは明治政府の宗教政策により「教派神道」と命名されます。

幕末民衆の動き

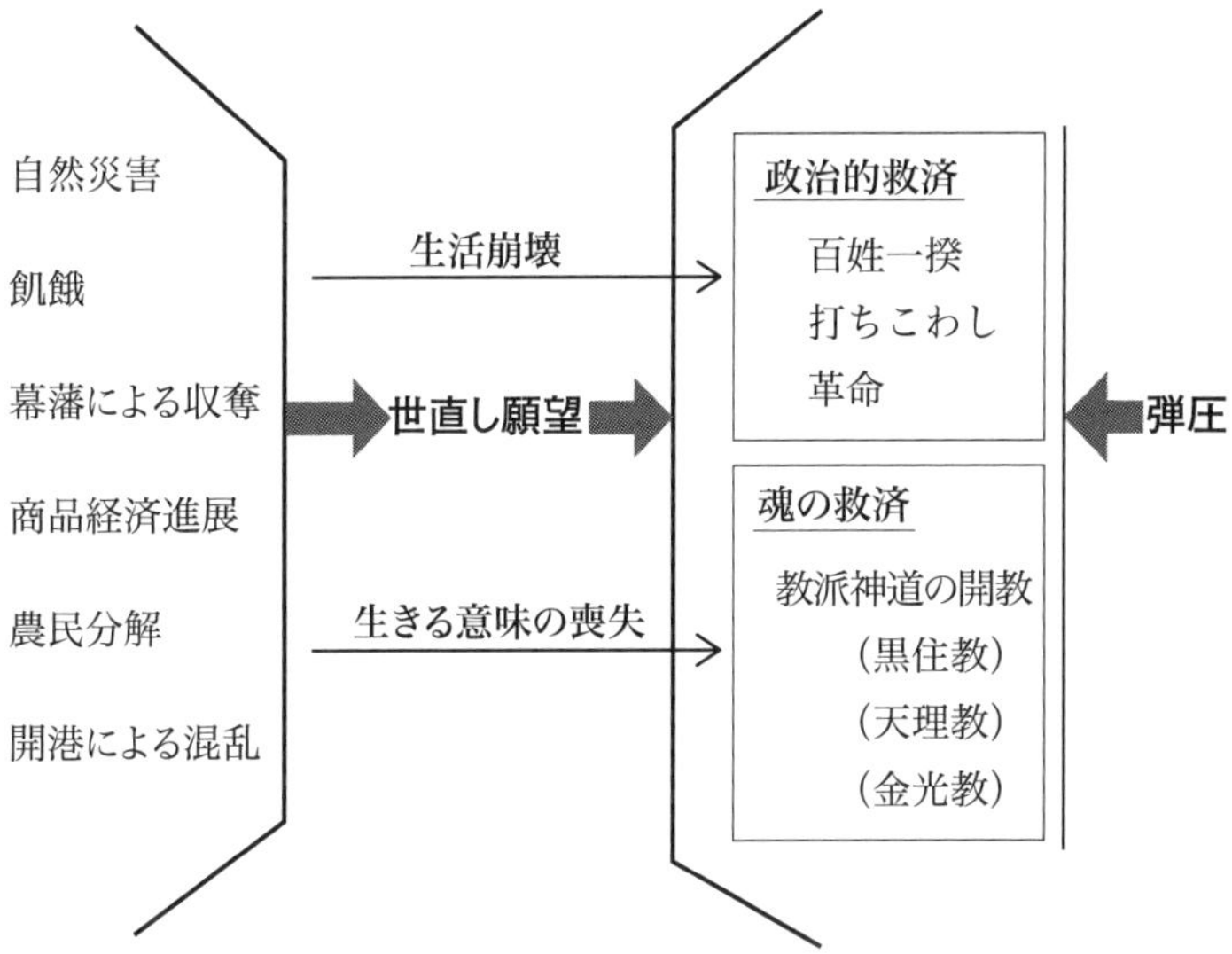

幕末混乱の時代、百姓一揆や打ちこわしだけが民衆の生命発露ではなかったのです。自然災害や商品経済の急激な進展やそれに伴う農民分解（地主と小作人に分かれること）などの社会変化は、経済生活を脅かし、生きることに希望を見出せない状況をもたらしました。安らぎや生きがいの喪失は生きることを問わずにはおきません。ですから、魂の救済も切実な庶民の要求でした。しかし、従来の宗教は世俗化し、その役割を担う能力も意欲も不十分だったのです。これが、教派神道が生まれ出た背景です。

では、教派神道とは、どのような宗教なのでしょうか。金光教を取り上げてみます。金光教は天地金乃神《てんちかねのかみ》を一神教的天地の神として信仰します。人間はすべて神の氏子であり、教祖から神号を許されれば、皆、生き神様である。教祖は神の意志を理解して、人々に取り次いで、神と氏子は相互に助け合う関係である。人は丁寧に信心し、欲心を去って家業に励めば「おかげ」（現世利益）を受けられる。との教えです。教派神道も、古来からの神道の本質を継いでいます。

金光教は迷信を排し、祟りを否定し、人間本位の合理的現世主義を説きました。徹底した平等観と婦人の尊重、医薬の奨励など、近代宗教の萌芽というべき開明性と合理性を持っています。民衆が負っていた社会矛盾に対して、現実的態度で応えました。

これら宗教にとって、過酷な明治という時代が始まります。

② 変異としての国家神道

幕末から明治にかけての天皇権力の絶対化を旨とする天皇制国家樹立にはどのような事情があったのでしょうか。これはお分かりだと思います。欧米列強の軍事的威圧です。アヘン戦争（1842年）後の中国の惨状を見せつけられた幕藩は恐怖を感じます。その危機感は四国艦隊下関砲撃事件や薩英戦争での敗北によって頂点に達し、同時に、攘夷《じょうい》が不可能であることを突きつけられました。この敗北を喫した長州・薩摩出身者の多くが、後に、明治維新をけん引したことは偶然ではないでしょう。彼らは徳川幕府を倒して、天皇が全国を直接に統治する、強力な中央集権国家の必要を肌身に感じたに違いありません。

ここには律令制国家樹立を迫ったのと同じ外圧があり、それに耐え得る国家の必要があったのです。つまり、**二つの時代に共通しているのは、内外の非常事態の中にあったことです。ですから、通常の日本をかなぐり捨ててでも、非常事態を収拾するための、今までとは違う思想や体制が必要だと支配者は感じ取ったのです。**律令制国家以降の長い空白の後、中央集権国家である天皇制国家が成立します。

ですから、この国家は欧米列強の日本植民地化に対抗できる力を持たねばなりませんでした。しかし、すでに日本は１８５８年の日米修好通商条約により治外法権（領事裁判権）を欧米に認め、関税自主権を奪われていました。国家主権回復と貿易上の不利益を解消するためには、この条約を解くことがどうしても必要だったのです。ところが、この交渉を開始するために、欧米は「政教分離」（祭政分離）と「信教の自由」を国民に保障することを条件に出していたのです。

ここで問題になるのが「祭政分離」と「信仰の自由」を認めるわけにはいかない、この国の事情です。日本は神国であり、天照大神より統治を命ぜられた皇孫が治めると決まっている。これが神道そのものであり、揺るぎない日本のあり方と明治政府は考えます。ですから、この神話に基づく国家神道を国教として、その最高司祭者の天皇が、同時に最高権力者である祭政一致の天皇制国家を目指しているのです。ですから、「祭政分離」を認めるわけにはいかないのです。また、「信教の自由」を認めることは、国家神道を国教となし、他の宗教をこれに従わせる政策と矛盾します。

そこで採ったのが「祭祀《さいし》と宗教の分離」という奇策でした。国家神道は宗教ではなく、祭祀（まつり、祭典）を行うだけである。神道（全国の神社）は国家の祭祀を司《つかさど》るだけで、宗教の内実を持たないと言うのです。ゆえに、天皇が最高権力者、兼、最高の司祭者であっても、祭政一致ではないという理屈です。そして、他の宗教＝仏教・教派神道・キリスト教には信教の自由を認めるのです。しかし、実際は、国家神道という宗教と天皇制国家が同体である体制（祭政一致）を作ろうとしています。誤魔化しであり、詭弁、そして嘘です。

この奇策を実施するには、やはり、強引な仕組み作りが必要になりました。明治4（1871）年、全国の神社を、上から、神宮・官幣社・国弊社・府県社・郷社・村社・無格社の7段階に格付けします。このピラミッドの頂点に伊勢神宮を置き、全国津々浦々に点在する神社の本宗と定めます。伊勢神宮の祭神は天皇の祖先で、神話の最高神とされる天照大神です。伊勢神宮を本宗とすることは全国の神社の祭神の上に天照大神を据えるようにとの強制になります。

その後、明治39（1906）年から、大正元（1912）年までに、下級神社が強制的に廃止され、明治初年の19万社から11万社に激減します。国家にとって無意味な神社でも、村落にとっては大切な信仰の対象です。人々は心のよりどころを失いました。宗教ではないとの嘘で固められた国家神道が、本来の神道の本流である村落の神社を飲み込み、あるいは捨てたのです。

神社の格付けと統制は、当然、神官にも及びます。右往左往しながら、最終的には神官を宮司《ぐうじ》・禰宜《ねぎ》・主典《さかん》の三段階に格付けします。神宮と官幣社は内務省、それ以下は地方庁の管轄となり、神官たちは官吏待遇を受け、国家の支配が神社を貫徹するようにします。国家神道の国教化の基礎を創り上げました。

ここで注目すべきことがあります。それは国家神道が宗教ではないとすることで、政治に対する国家神道の壁をなくし、政治がフリーパスで宗教に侵入できることです。それは逆も可能で、宗教が政治に入り込むことも自由になるということです。政教分離をするための、国家神道は宗教ではないとの企てが、逆に、天皇制国家の祭政一致を可能にしたのです。

では、仏教・教派神道・キリスト教に、本当の意味での信教の自由は認められたのでしょうか。残念ながら、ここにも嘘があります。明治政府が許した信教の自由は、国家神道の教義に触れない限りにおいて与えられたものであり、基本的人権として、無条件に認められた権利ではなかったのです。国家神道という網の中だけの自由であり、網から少しでもはみ出せば弾圧されました。信教の自由への「統制」と、宗教ではないと言い張る国家神道の「宗教化」に成功します。

ここで確認したいことは、国家神道は神道の土台を成す産土の神信仰に由来を持たないということです。しかも、その国家神道が2000年以上続く本来の神道を押しのけ本流になったという事実です。ですから、国家神道が、日本古来の伝統だと言われる方がおられますが、それは違います。これは天皇制国家とセットで急遽仕立てられた、日本の伝統に根っこを持たない変異なのです。

これが、祭祀に過ぎないとさせられた神道から切り離された教派神道の運命の過酷さを予感させます。教派神道が本当の宗教だからです。

前述のように、宗教に認められた信教の自由は国家神道の網の中に納まっている限りの自由です。しかし、教派神道は魂の救済を担うれっきとした宗教ですから、政治と一体である国家神道と重なるわけがないのです。当然はみ出します。それは前述の金光教の説明からもお分かりだと思います。

加えて、例えば、丸山教「神の分身として世に生きる人間こそ、最も貴い存在である。人間の平穏と幸福がそのまま理想世界である」。黒住教「人間の心は神の分霊、神と一体となることで健康と繁栄が得られる」。これだけでも、国家神道と相いれないことが分かるでしょう。弾圧を恐れ、弾圧されるたびに、教義の変更を強いられ、それに応じることで存続を認められる運命です。それどころか、国家神道浸透の一翼をも背負わされます。弾圧や圧力は昭和20（1945）年の敗戦まで続きました。

（補足）国家神道に触れる者への弾圧は、宗教以外にも及びました。久米邦武は神道の実証的研究『神道は祭天の古俗』により、帝大教授を辞任に追い込まれました。キリスト教者内村鑑三は教育勅語への礼拝を拒否し、教壇を追われました。南北朝併立説が南朝正統の立場から批判され、教科書編修官を休職させられた喜田貞吉。津田左右吉の古代史の実証的研究が皇室の尊厳を傷つけるとして著書発禁、などがあります。

これまで、天皇権力による中央集権的国家は、日本の伝統ではなく、むしろ天皇象徴制が日本歴史の主流である。また、神道の本流は「産土の神信仰」にあり、国家神道は明治国家がその支配を強化するために、新造した宗教であると申し上げてきました。その教義とされる教育勅語が言う「ご先祖」や「皇祖皇宗」は、天照大神と連なる天皇の先祖です。彼らが国を造り、徳を成し、伝統を守ってきた。だから、国民は皇室国家のために尽くさねばならない。万一危急の大事が起きたなら、勇気をふるい一身を捧げて天皇国家に尽くせと教育勅語は言います。「危急の大事」の第一義は戦争でしょう。天皇国家のために命を差し出せというのです。

前述したように、神道の神は八百万の神であり、産土の神です。しかし、国家神道の神は「万世一系」の天皇なのです。これだけでも、両者は異質の宗教であると分かります。神道は「生命を愛おしみ、楽しみ、寿《ことほ》ぐ宗教」です。この産土の神が命を差し出せとは言わないでしょう。日本を身体に例えれば、国家神道は突如現れた変異であり、いわば、がん細胞です。取り除かねば死に至ります。現に、国家神道は、一度、日本をひん死状態に陥れました。

教育勅語は、万世一系の皇祖が「徳を成した」と主張しますが、それを行ったのは「万世苦闘」の庶民です。庶民が養ってきた倫理が、日本を動かしてきたのです。その分厚い精神世界を天皇家事績だとして、横取りされてはかないません。歴史を見誤っては困ります。

教育に関する勅語の全文通釈（1940年、文部省図書局）

朕がおもふに、我が御祖先の方々が国をお肇《はじ》めになったことは極めて広遠であり、徳をお立てになったことは極めて深く厚くあらせられ、又、我が臣民はよく忠にはげみよく孝をつくし、国中のすべての者が皆心を一にして代々美風をつくりあげて来た。これは我が国柄の精髄であって、教育の基づくところもまた実にこゝにある。汝臣民は、父母に孝行をつくし、兄弟姉妹仲よくし、夫婦互に睦《むつ》び合い、朋友互に信義を以って交り、へりくだって気随気儘《きずいきまま》の振舞いをせず、人々に対して慈愛を及すやうにし、学問を修め業務を習って知識才能を養ひ、善良有為の人物となり、進んで公共の利益を広め世のためになる仕事をおこし、常に皇室典範並びに憲法を始め諸々の法令を尊重遵守し、万一危急の大事が起ったならば、大義に基づいて勇気をふるひ一身を捧げて皇室国家の為につくせ。かくして神勅のまに々天地と共に窮りなき宝祚《あまつひつぎ》の御栄をたすけ奉れ。かやうにすることは、たゞに朕に対して忠良な臣民であるばかりでなく、それがとりもなほさず、汝らの祖先ののこした美風をはっきりあらはすことになる。

ここに示した道は、実に我が御祖先のおのこしになった御訓であって、皇祖皇宗の子孫たる者及び臣民たる者が共々にしたがひ守るべきところである。この道は古今を貫ぬいて永久に間違がなく、又我が国はもとより外国でとり用ひても正しい道である。朕は汝臣民と一緒にこの道を大切に守って、皆この道を体得実践することを切に望む。

③ 変異に固執する自民党

幕末、欧米による日本の植民地化が現実味を帯びていたことは事実でしょう。その危機感から天皇制国家樹立を目指したことはすでに述べました。一種の非常事態にあったわけです。しかし、日露戦争に勝利した日本は、その後、植民地化される危機からは脱出していたのではないでしょうか。ここで「非常事態宣言」を解除して、国のあり方を伝統に返す道もあったと思うのです。後に、欧米諸国からの侵略を受けなかったことは歴史が示す通りです。むしろ、侵略に走り、国のあり方を間違えたのは日本自身です。

大正期が変革のチャンスでした。民衆の政治参加意識の高まりは政治を変える好機ではなかったでしょうか。軍事による威嚇から、通商による相互依存を高めて交流を深める中国朝鮮外交への転換、国家主義から民主主義社会へ歩みだす道もあったはずです。あえて言えば、百姓一揆の伝統を踏まえた政治改革です。

1913（大正2）年、詔勅（天皇の意思を表す文書）を乱発して、政党を抑え込んだ桂太郎内閣を倒した憲政擁護運動は、薩長藩閥勢力や軍部の横暴を抑え込む意思を明確に持っていました。政党政治による国の運営への可能性が見えていた時代です。この発展は成熟した民主主義社会への展望をも与えるものでした。

しかし、大きな過ちを犯します。第一次世界大戦のさなか、欧州を主戦場とするこの戦争は、欧州諸国のアジア政策の空白を生みました。そこを突いた日本の戦略が、1915年の「対華

「対華二十一ヶ条要求」の内容整理

（『日本史資料　上』東京法令出版、572頁）

第一号。山東省内の旧ドイツ利権の日本による継承と、さらに新しい鉄道敷設権、開市の要求により山東省を日本の支配下におさめるための諸要求。

第二号。旅順、大連の租借期限、南満州鉄道および安奉鉄道の営業期間の延長、さらに吉春鉄道などについての新利権。そしてさらに東部内豪古に関する要求としての農業共同経営、開放地増設など、南満州と東部内豪古を日本のほとんど完全な植民地化せんとする諸要求。

第三号。漢陽、大冶、萍郷の鉄と石炭の採掘を独占するために漢冶萍公司を日華合弁とすることの要求。

第四号。中国沿岸の港湾と島を諸外国に割譲・貸与しないことを中国政府が宣言することの要求。

第五号。中国政府の政抬・財政・軍事顧問として日本人をおくこと。中国間の日本の病院・寺院・学校の土地所有権を認めること、中国警察を日華合弁にするか、日本人顧問をおくこと、中国軍隊の一定量の兵器を日本から輸入するか、日華合弁の兵器廠からの供給を仰ぐこと、など中国全体にわたる諸要求のほか、華南方面の鉄道・鉱山・港湾などの利権に関する要求。

二十一か条要求」です。これは欧米日による中国分割から、日本による中国独占を狙う政策です。それを見抜いた中国民衆は排日を掲げて、怒りを表しました。要求を受け入れた5月9日を「国辱記念日」としたほどです。一方、欧米は日本の対中進出への警戒を強めるのでした。日本のこの野望は、後の日中戦争につながり、これを阻止しようと意気込む米国との太平洋戦争をも予感させる危ない国家選択でした。これから16年で満州事変、22年で日中戦争、26年で太平洋戦争が始まります。

この野望が敷いた戦争に向かう道は、天皇制国家と国家神道が本領を発揮するグランドを拓きました。この天皇制国家と国家神道への反省から再出発したのが戦後日本であったはずです。しかし、その反省から戦後日本が打ち立てた原則を次々に白紙に戻し続けているのが、自民党政権です。白紙に戻して打ち立てようとしていることが明白になっています。それは天皇制国家と国家神道の復活です。そう言うなら証拠を見せろという前に、そんなことはないという事例を挙げてみて欲しい。それ、ありますか⁉　しかし、「見せろ」という証拠は幾らでも挙げられます。以下、その一部を列挙します。

祈願は憲法九条改定
教育基本法改定、愛国心を教育の目標に追加（愛国は教えるものではない）
森喜朗首相当時、「日本は天皇を中心とした神の国」発言

自民党憲法改正草案、「日本国は天皇を戴く（尊敬し仕える）国家」と明記
教育勅語復活論、安倍晋三元首相は勅語を採用する森友学園に肩入れ
日本最大の右翼団体「日本会議」の国会議員懇談会に自民党衆参議員190名加盟（2022年現在）
歴史修正主義の横行（日中・太平洋戦争は侵略戦争ではなかった。欧米からアジアを開放する正義の戦いだった）
自民党に、文化の日を戦前の「明治節」（明治天皇の誕生日）に戻す動き
安倍元首相のスローガン、「戦後レジームからの脱却」（戦後民主主義に敬意を持たぬ）
安倍元首相、「私は立法府の長」発言、そのまんまの閣議決定連発（これが菅、岸田政権に引き継がれています）
麻生太郎副総理、「ナチの手口に学んだらどうか」発言
石破茂幹事長当時、「デモはテロ」発言
特定秘密保護法制定
学術会議任命拒否・大学自治への介入
テロ等準備罪（共謀罪）の新設
集団的自衛権容認を含む安保法制制定（憲法違反）
武器輸出を原則禁止していた「武器輸出三原則」を原則輸出解禁する「防衛装備移転三原則」

に変える
敵基地攻撃能力（新安保三文書）閣議決定
憲法24条「婚姻は両性の合意のみに基づいて成立し…」の「のみ」を「自民党憲法改正草案」は削除
財政法5条が禁止している日本銀行による国債の引き受け額は２０１３年３月の１２５兆円から２０２３年１月５８３兆円に激増（財政法５条の目的はインフレの発生を抑え、国民生活を安定させるため。軍事費の捻出を日銀にさせないため）

天智天皇は白村江の戦いに敗れ、唐・新羅《しらぎ》の侵略を恐れて、山城などを造り、防衛に努めました。一種の「非常事態宣言」状態です。しかし一方で、敗戦の2年後の６６５年と６６９年に続けて遣唐使を派遣しています。緊張緩和の道を探ったのです。結果、非常事態は平時に戻りました（新羅との緊張は続きます）。

これに対して、天皇制国家は協調外交を捨てて、**非常事態を自ら作り上げ、結果、自滅しました**。敗戦が「非常事態解除」になったのです。多大な犠牲を払って取り戻した平常でした。

今、強力な軍事力の保持が言われて騒がしいです。中国と北朝鮮の脅威への対応だと言います。しかし、これは天智天皇の時代と幕末期が受けた脅威に匹敵するほどのものでしょうか。もしそうだとするなら、それは仕立てられた脅威だと、私は思います。例えれば、知的なゴリラを粗暴なゴジラと言い張るようなものです。戦前と同じように「非常事態」を自ら作りあげています。天智天皇のように、緊張緩和する知恵を働かせ、相手の懐に入ってゆく勇気を持って行動することを求めます。

外国の脅威の強調は強力な国家への道です。これが全体主義への道でもあると歴史は教えます。せっかく、日本の伝統に親和性を持つ戦後レジームを、また、変異の国に戻す道理があるでしょうか。日本の伝統ではないという意味の「癌」が再発しそうです。癌細胞を撃退する市民の免疫力が問われています。

●政治の劣化を嘆く

学校をめぐる殺伐とした出来事が多いなか、良いお話を伺いました。

ある高校での話です。文化祭で演奏するグループから生徒会顧問に「退学処分になった子の参加を認めて欲しい」との要望がありました。顧問は迷って、先輩に相談しましたが、許可理由が見いだせず、やはり、迷ったのです。結果、職員会議での議論に任せます。

さてその会議、皆、腕を組むばかりです。そこに、普段はもの言わぬ校長先生が「退学した生徒が学校に来てくれるのだから、こんなに嬉《うれ》しいことはない」とひと言つぶやきました。「退学処分者が、よくも学校に来る」と問答無用の不許可が普通です。校長先生は柔軟な頭の知恵者だと思います。と同時に、迷い、許可理由を探そうとした先生方は温かいのです。

校長先生と職員に共通しているのは、生徒への信頼と寛容です。教育現場で、最も大切な徳目です。しかし、「退学処分者を学校行事に参加させるのはおかしい。資格がない」とPTAや教育委員会からのクレームが予想されます。が、職員会議では、純粋に、教育者として判断しようとする姿が見えます。つまり、学校の立場を守ることを判断の基準にしていないのです。この話には上品さを感じます。

また、すでに申し上げました「庶民は自分たちの感性を、もっと信じてよい」、この正しさを裏付ける話だとも思うのです。歴史には残らない、このようなまっとうな庶民の感性や見識や行動が健全な社会を支えていることを、改めて感じます。

教師生活の後半17年間、農業高校と工業高校に勤務しました。両校ともに、80％以上が就職希望でしたので、進路指導は職業に関することが中心でした。会社決定に向けた就職指導をしているうちに、いつしか「二流の一流」という言葉を使っていました。普通、一流とはいろいろな賞を受けている有名な方々や社会的地位の高い方々のことです。この方々が社会に貢献していることはもちろんですが、地域社会を支えている名もない多くの人たちがいることを知って欲しいと生徒たちに伝えました。

時には「二流の一流」に値する人たちの実名を挙げることもしましたし、身近に、そう思う方々を探す宿題も出しました。また、「二流の一流」がいるのなら「一流の二流」もいることに気付いてもらうことを常としたのです。「一流の二流」は、すなわち、二流の人間で、「二流の一流」は一流の人間です。「二流の一流」という庶民がいますよと。また、そういう人たちが報われる社会でなくてはいけないとも語りました。

一方、先人が戦争の反省から知恵を絞り、築き上げてきた原則や法律を蔑《ないがし》ろにするわがままを振り回す事態が発生しています。「敵基地攻撃能力」保持を2021年12月の臨時国会で岸田首相が表明しました。「本気だったのか」の驚きも収まらぬ2022年2月16日の予算委員会で岸防衛大臣は、攻撃される前に自衛隊機が他国領空に入って軍事拠点を攻撃する手段を持つことを「排除しない」、と明言したのです。

この軽薄さに苛立《いらだ》ちます。専門家は敵の先制攻撃準備を正確に見極める技術がない、と言っています。ならば、先制攻撃をしてくる確証がないまま、攻撃に出ることがあり得ます。防衛のつもりが侵略に変わってしまいます。

ここに見る疑心暗鬼は、もちろん、信頼の欠如です。先制攻撃を明言すれば不信感が強まり、先制攻撃の準備ではないのに、そのように判断されてしまう可能性も高まります。不信感に引きずられた不寛容も見えてきます。ここでも、戦争への道が開かれます。先制攻撃の明言が戦争を引き寄せることを認識できない想像力の欠如に軽薄さを観ます。

戦争放棄の原則を掲げる日本国憲法のもとで「敵基地先制攻撃能力保持」が通れば、憲法改正はもう不要です。彼らの政策が「憲法改正」になっています。この無軌道を改正・改革・革新などと呼んで平気な顔をしているのです。彼らは国会議員という「一流」ですが、「一流の二流」という二流の人間です。そして、軽薄にして下品です。

過去から学ばず、昔の過ちを美化することが愛国心だと吹聴する姿には、知性や品性の欠片《かけら》も見られません。政治指導者の質の低下は隠しようがありません。堅実にして上品な市民や生活者の中から政治家が生まれ出ることがこれほど望まれている時代はありません。

むすび

ウクライナ戦争は、プーチンという特殊な人物がいたから起きたとの理解が広まっています。しかし、この手の戦争は特殊ではなく、世界の歴史が繰り返してきたのではないでしょうか。むしろ、スタンダードです。

現にプーチンと同じく、戦前、わが国は、抑圧されている民族の独立を支援し、解放するとの口実で侵略戦争を開始しました（68ページ参照）。強いものが弱いものに力で迫り、命や財貨、労働力を奪う、それが当然であるかのごとく繰り返されてきたのが歴史です。インカ帝国の滅亡、アメリカ先住民の生存権を奪う所業《しょぎょう》。これらは、すべて、力が正義という常識がなせる業です。これを常識とする世界の政治リーダーたちが、75年間、日本国憲法九条を無視し続けてきました。これに、もの申したい自分です。

日本国憲法九条はその誕生以来、二つの点が無理解のままです。

一つ目は、「戦力不保持」は「あり得ない」「受け入れられない」「思想として分からない」という意味での無理解です。

二つ目は、日本だけの戦力不保持を宣言しているとの誤解です。

繰り返しになりますが、九条の本質は世界を武装解除させたいとの意思にあります。これが理解されていないままなのです。この二重の無理解ゆえに、九条は国際政治の論議に乗せられず、日本国政府を含め世界から「実現への努力」を一度も受けずにきたのです。

そこに今回のウクライナ戦争です。この戦争はロシア侵攻に対するウクライナの防衛戦争ですが、同時に、いつもの代理戦争の性格も否定できません。「力は正義」を振りかざして小国を振り回し続けてきたのが国連常任理事国です。これらの大国の事情や時の最高権力者の都合が優先されての外交や軍事行動を、今回も見せつけられています。彼らは人命が大事と口では言います。しかし、人間の尊厳を大事にして、最優先に守るという姿勢が彼らからは見られません。そして、今回も戦争の背後に巨大な軍事産業が見え隠れします。武器輸出額ランキング上位をこれらの国が占めていることがその証拠です。

また、均衡理論の底も見えています。これは武器を「売りたい人」「使いたい人」「使わせたい人」に都合が良い論理であり、「作らない方が良いという人」「使いたくない人」「使わせたくない人」の論理ではありません。さらに、巨大な軍事力を持つ国が発言力と決定権を独占していいという常識も疑われるべきです。国連も民主主義の原則に従い運営されなければいけません。今までの考え方や、それに基づく平和維持装置では人々の命を守ることができないことが明白になってきました。この事実はかなり前から現れ出ていたのですが、見て見ぬふりを通し

武器の輸出額ランキング（2018年 / 億ドル）

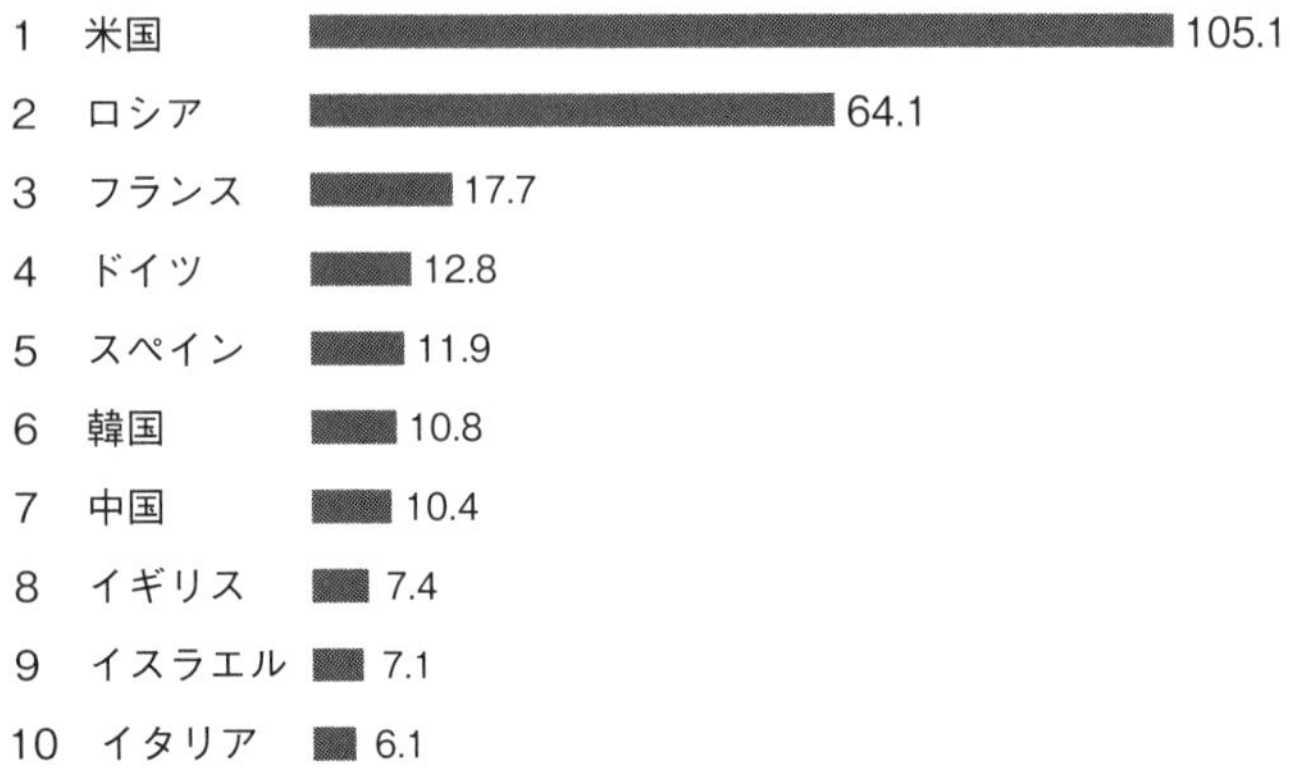

（出所）ストックホルム国際平和研究所 2019年３月発表

てきたのです。

ですから、九条に対するこれ以上のネグレクトは許されません。このことを世界が感じる状況にあります。根本的な発想の転換をしなければ、人類が築きあげてきた文明が瓦解する、その危険が迫っています。九条の本質を理解して、その実現に向けて舵を切る時です。

九条の本質が全世界の武装解除にあるわけですから、各国が集い、議論しなければなりません。当然、その舞台は国連です。国際連合の進化や改革が必要になります。私は、自著『語り継ぐ戦争と民主主義』で、国連改革案を例示しました。「現実を知らない素人《しろうと》だから言える」と、多くの方がそっぽを向く案かもしれません。

そこで、本書読んでくださっている皆さ

んにやっていただきたいことがあります。それは「あなたが国連を改革するとしたら、どのようになさるかを考えて欲しい」というお願いです。ノートなどにご自分の改革案を書いてみてください。私の改革案は以下に記します。

「安全保障会議の常任理事国の特権である拒否権を認めず、一国一票制を採用する」が私の案です。

小学生だったでしょうか、国連の授業の時、世界の平和を守る機関ですから、何か期待しました。しかし、常任理事国には拒否権があると聞いておかしくないかと思ったのです。「国連では多数決が原則ではないのか。平和を守る国連が民主主義の大原則に従わないのか」と驚きました。

世界は子どもの、素朴にして素直な疑問を尊重するように変わるでしょうか。ウクライナ戦争の惨状が報道されるなか、常任理事国の拒否権への疑問を専門家たちが発言しだしています。政治家の中からも同様の発言が出てこないのでしょうか。

そこで、あえて言います。素人素人《しろうと》と馬鹿にしますが、政治の玄人《くろうと》が戦争回避に成功してきたでしょうか。むしろ、彼らが戦争の主体であり続けているのが実態です。失敗を重ねる指導者はその座を譲るものです。事態を動かそうとするなら、素人の中からリーダーが登場することは理にかなっています（ウクライナのゼレンスキー大統領は素人ですが、指導力と外交政策に実力を発揮しています)。

２０２１年、東京オリンピック開催の是非を問われていた時、日本政府は「端から、開けないと決めつけるのではなく、どうしたら開けるかを考えて欲しい」と言いました。しかし、「九条がどうしたら実現できるのかを考えよう」とは言わないのです。

そうではなく、「九条実現は素人考え」と決め付けるのを止め、理想を実現しようと、世界の市民に呼びかけて欲しいのです。そのためには、「国際社会が相互に信頼できる状態」を創り上げるビジョン＝展望を日本政府が持たねばなりません。それを示したうえで、国連改革案を国連に提出することです。間違いなく拒否権を行使されるでしょうが、多くの発展途上国や世界市民が賛同の声を挙げるでしょう。大国に翻弄されてきた国々の人たちが歓迎し、賞賛するでしょう。時代を動かそうとした勇気に対して、日本国首相にノーベル平和賞が贈られるかもしれません。日本国憲法を持つ我々の仕事です。

すでに、日本にはノーベル平和賞受賞者がいます。佐藤栄作元首相です。受賞理由は非核三原則＝「核兵器を持たず、作らず、持ち込ませず」を宣言したことだと言われています。ならば、日本国憲法＝前文と九条に与えられたと言ってもいいのではないでしょうか。九条は、戦後の平和運動の支柱であり続けているからです。

ここまでに、幾つかの提案をさせていただきました。どれも、突飛な試案であきれ果てておいてられると思います。そもそも、そういう方はここまで読み進んでこられていないでしょう。しかし、読み進んでくださったあなたは、庶民である私の案が、実は、古今東西の最高知性の見識と似ていることにお気づきだと思います。これを不思議だとお思いでしょうが、そうではないと思うのです。

なぜなら、最高の知性は「人間とは何か」を探求しているのですから、人類の大多数を占める庶民を無視はしないのです。逆に、我々への関心を持たぬ学者は、それこそ、三流で終わるに違いありません。そこで社会を底流で支える「庶民の生活感覚にもっと自信を持ってよい」と申し上げてきたわけです

ここで、すべての方に、すっきりしていただきたく、皆さんの思いを代弁します。

「今、戦争をして殺し合っている場合ではないだろう。世界中がそう思っているぞ！」

「己のための政治をするな！　政治は民のためにあるのだぞ！」

今こそ、世界が助け合い、知恵を出し合って、戦争や温暖化、貧困や格差拡大を止めることに集中する時です。再度、日本国憲法前文の「平和を維持し、専制と隷従、圧迫と偏狭を地上から永遠に除去しようと努めている国際社会において、名誉ある地位を占めたいと思う。われらは全世界の国民がひとしく恐怖と欠乏から免れ、平和のうちに生存する権利を有することを確認する」をお示しします。

ここにはすべての人々の尊厳を守ることこそ、人類の生きる目的であるとの信念が現れ出て

います。これは個々人の生きる目的を考えるうえでのヒントにもなるのではないでしょうか。

ところで、あなたは国連改革案をお書きになりましたか。これほど無理な提案に乗っていただけたなら、この本の目標は達成されたかもしれません。お付き合いに感謝申し上げます。

この本の目的は言うまでもなく、日本国憲法（特に、前文と九条）を維持し、その理想の実現を政府に求めることです。

無理をしない、自分を追い詰めないことをモットーにしていますので、完成までに半年もかかってしまいました。この間、「言葉遊びをしているのではないか」などの迷いに悩まされましたが、私と同じ想いで編集作業をしてくださった久保企画編集室の久保則之さんと清水まゆみさんに励まされ、そして、発行元を引き受けてくださった同時代社の川上隆代表のご英断で出版とあいなりました。皆さまに深く感謝申し上げます。ありがとうございました。

２０２２年６月

八角　宗林

憲法を生かす匝瑳九条の会の主な活動

2013年８月18日	結成会議
2014年２月22日	市民講演会　講師：高橋勲弁護士
３月９日	震災復興支援フェアＩＮ東総に参加
４月26日	「新しい日の丸」作成
５月29日	「特定機密保護法を廃する意見書」を匝瑳市議会に提出、不採択
11月８日	「戦争に行かないぞ宣言」発表、「ＳｉＺバッジ」製作
2015年５月	「ヘイトスピーチ防止法を要請する意見書提出を求める陳情書」を匝瑳市議会に提出するが、不採択
５月８日	震災復興支援フェアＩＮ東総に参加
５月25日	安保法制反対を表明する意見書提出を求める陳情書を署名と共に匝瑳市議会に提出。「慎重審議を求める項」を採択
６月18日	東京新聞に安保関連法反対の意見広告
７月10日	東京新聞に安保関連法反対の意見広告
10月２日	「東総九条連絡会」結成
10月	「安保法制廃止しよう」ポスターを作成、掲示、配布を行う
11月26日	「どうなる憲法」講演会　講師：宮腰直子弁護士
2017年11月15日	匝瑳市立椿海小学校平和教室授業実施
11月21日	匝瑳市立椿海小学校平和教室授業実施
2019年１月30日	匝瑳市立椿海小学校平和教室授業実施
10月	外国特派員に日本の右傾化の危険性についての報道依頼文発送

署名活動、護憲派国会議員・市会議員の選挙応援、市民連合との連携、国会前集会への参加、憲法を生かす匝瑳九条の会ニュース発行、ビラ作成配布、他の地域の九条の会との交流などの活動を行っています。

「戦争に行かないぞ」宣言＝S-i-Z宣言

近代思想において、人権は生まれながらに神から与えられています。わが国でも、明治期、自由民権派は基本的人権を「天賦人権」と言いました。天が民に与える権利です。ですから、王も国家もこれを奪うことはできないと理解するのです。しかし唯一、神や天ではなく、国家から与えられる権利があります。それが交戦権です。

交戦権は国家が持っているとされます。それを国民は分与され、「人を殺す権利」を手に入れます。ですから、戦場から帰っても、殺人罪で裁かれず、暗黙の国際的了解ゆえに、敵国さえ裁きません。しかし、健全な人間が「人を殺す権利」を求めるでしょうか。

戦争体験者の話によると、初年兵教育は相当荒っぽかったと言います。演習から帰ると中国人が柱に縛られています。「スパイを銃剣で処刑せよ」との命令。しかし、「スパイ」に突進すると、緊張から足がもつれる者や、直前で、立ち往生する者が続出したそうです。それはそうでしょう。これで分かるように、交戦権は国家から「与えられる」のではなく「押し付けられる」権利なのです。

人に殺されたくも、人を殺したくもないという正気を私たちは与えられています。そんな自然な日常を私たちは求めます。この思いが憲法九条に生かされています。「国の交戦権はこれを認めない」以後70年、国民への「交戦権押し付け」はありませんでした。

しかし、石破幹事長（当時）は政治家として「死なせる覚悟をする」と発言。政治家の責任で自衛官を戦死させる、その覚悟を最初にするとの自負を示しました。これは同時に「殺し、殺される覚悟」を国民に強いるとの宣言です。「交戦権の行使」宣言ですから、大胆にも、憲法違反宣言をしたわけです。これを実行に移したのが「集団的自衛権行使を容認するとの閣議決定」です。ですから、これも憲法違反に違いありません。

この憲法違反は国が決めれば自衛隊はもちろん、国民も戦争に行くことを前提にしています。ならば、国民は「交戦権の押し付け」を拒否し「戦争には行かないぞ」宣言をしようではないか、と思うのです。百姓が年貢拒否一揆を起こしたように、我々は兵役拒否一揆を起こそうというわけです。

欧州には「良心的兵役拒否」の権利を認める国があります。この言葉を使うなら、憲法九条は、言わば、国民と国家こぞっての「良心的兵役拒否」宣言です。１９４７（昭和22）年文部省発行『あたらしい憲法のはなし』は「戦力を放棄しても心細く思うことはありません。日本は正しいことを、他の国より先に行ったのです。世の中に、正しいことぐらい強いものはありません」と教えています。この教えに従い、「戦争に行かないぞ」宣言をします。

２０１４年11月８日

憲法を生かす匝瑳九条の会

八角 宗林（やすみ　そうりん）

憲法を生かす匝瑳九条の会代表。
1953年、埼玉県生まれ。
1976年、成蹊大学文学部文化学科卒。
31年間、高等学校で社会科担当、2006年早期退職（53歳）。
退職後は地域活動に参加。
ブログ「人を笑わず人と笑う」公開。

著書
『語り継ぐ戦争と民主主義』（あけび書房、2019年6月）、
『追従で国を損なう安保ン丹』（同、2020年2月）

増補改訂版・日本国憲法は「生き残った人類」の聖典

2022年7月15日　初版第1刷発行
2023年4月28日　増補改訂版第1刷発行

著　者　八角宗林
発行者　川上　隆
発行所　株式会社同時代社
〒101-0065　東京都千代田区西神田2-7-6
電話　03(3261)3149　FAX 03(3261)3237

制　作　久保企画編集室
組　版　アテネ社
装　幀　株式会社アルファデザイン・森近恵子
印　刷　中央精版印刷株式会社

ISBN978-4-88683-944-2